先生教你写文章

文章讲话

夏丏尊 著

北京出版集团
北京教育出版社

图书在版编目(CIP)数据

文章讲话 / 夏丏尊著. 一北京：北京教育出版社，
2014.3

（先生教你写文章）

ISBN 978-7-5522-3421-3

Ⅰ．①文··· Ⅱ．①夏··· Ⅲ．①汉语-文章学
Ⅳ．①H15

中国版本图书馆CIP数据核字(2013)第293534号

先生教你写文章

文章讲话

夏丏尊　著

*

北 京 出 版 集 团
北 京 教 育 出 版 社　　出版

（北京北三环中路6号）

邮政编码：100120

网址：www.bph.com.cn

北京出版集团总发行

全国各地书店经销

三河市同力彩印有限公司印刷

*

710×1000　　16开本　　12.5印张　　140千字

2014年3月第1版　　2020年11月第2次印刷

ISBN 978-7-5522-3421-3

定价：24.80元

出版说明

语文是我国基础教育最基本的必修科目，起着培养基础语言文字能力和熏陶人文精神的作用。而作文又是语文这一科目的重中之重，写好作文不仅仅是应试之需，更是立己立人之需。陶冶情操、传承人文是作文的内在要求。

"先生教你写文章"丛书与市面一般作文图书的最大不同在于，本套丛书收录了二十本垂范后世的教育大家关于作文写作的经典著作（个别文字有修改）。

最好的老师——遍览世纪大家风采

本丛书包括如下作者：梁启超、夏丏尊、胡怀琛、高语罕、刘半农、蒋伯潜、叶圣陶、孙俍工、阮真、朱光潜、朱自清、章衣萍、谭正璧、孙起孟、沐绍良、唐弢、张志公、朱德熙等。他们亲历三千年未有之大变局，在前所未有的文化嬗变中，既葆有旧时代的文脉，学问周正一流，又兼有新时代的精神，开拓创新，视野宽阔，能吸收西方的先进理念。他们的著作兼具传统与现代汉语的内在之美，都是典范传世之作。他们的为人与为文影响、滋养了几代中国人。

这些教育大家确立了现代中国白话文写作的典范，如：梁启超先生的文章明白畅达，在当时受到一代青年学子的追捧；朱光潜先生的文章深入浅出，讲解生动；朱自清先生的散文优美清丽，早已是中国散文史上的经典之作。

这些教育大家亦是中国现代汉语规范的创立者和语文教育的真正开创者：如张志公先生提出了"汉语辞章学"的概念，初步构拟出汉语辞章学的理论框架；又如汉语语法学界的语言学大师朱德熙先生，是一位富于开创精神的杰出学者，在语法研究上以其独特的语法思想与科学的分析方法，深入地研究汉语语法现象，奠定了汉语描写语法的基础。

最好的指导——倾心传授写作之道

本套丛书凝聚了数代学界名流的学术成果和研究心血。语文教育大家叶圣陶先生从写什么、怎样写、文章句子的具体安排、文章中的会话一直到文章的静态与动态，都一一详述；夏丏尊先生从阅读到写作的论述语言生动，见解独到，举一反三；梁启超先生对于作文之法则、规矩的讲论，语言畅达，并富有说服力，全面阐述了各类文体所应遵循的规则，以及提高写作水平的方法；朱光潜先生以深厚的学术涵养，从理论高度来谈论写作，文章深入浅出，语言平易近人，让读者在美学照应之下得到关于写作的内在之道；朱自清先生对于写作有自己独特的见解，认为"思想、谈话、演说、作文，这四步一步比一步难，一步比一步需要更多的条理"，推崇"多看、多朗读、多习作"；朱德熙先生从主题、结构、表现、词汇、句子、标点等六方面阐述写作之道，每章之后附有习题，举例丰富，说明切实具体，体现着朱德熙先生关于中学语法教学的先进理念……这些论述在当时对于提高中学生的写作能力裨益甚多，我们相信，对于当下中学生的写作同样具有极大好处，对提高中学语文教学质量一定也具有重要的指导作用。

虽然历史已往，时代在变，但是传统文化中那些熠熠闪光的精华永远不会被埋没。

我们希望通过本套"先生教你写文章"丛书让读者朋友从中领悟文章写作一脉相承和推陈出新的道理，给现代作文教育一个新的思考方向，也希望能帮助中学语文教师更好地指导学生学习写作，更希望广大青少年读者，尤其是在校中学生可以通过这套丛书更深刻地理解写作的内在精要，真正掌握写作规律，从而提高写作能力。

先生之诚，作文之道，尽在于此。

2014 年 3 月

本书说明

　　《文章讲话》是我们抽取了《阅读与写作》《文章讲话》《文章作法》三本书中夏丏尊先生有关作文写作的文章重新编成。从阅读到写作论述精当，语言生动，见解独到，举一反三。在当时对于提高中学生的写作能力裨益甚多，也相信对于当下中学生作文写作具有极大的好处。

目 录
Contents

1

一 阅读什么

中学生诸君：我在这回播音中所担任的是中学国语科的节目。国语科有好几个方面，我想对诸君讲的是些关于阅读方面的话。预备分两次讲，一次讲"阅读什么"，一次讲"怎样阅读"。今天先讲"阅读什么"。

让我在未讲到正文以前，先发一句荒唐的议论。我以为书这东西是有消灭的一天的。书只是供给知识的一种工具，供给知识，其实并不一定要靠书。试想，人类的历史不知已有多少年，书的历史比较起来是很短很短的。太古的时代并没有书，可是人类也竟能生活下来，他们的知识原不及近代人，却也不能说全没有知识。足见书不是知识的唯一的来源，要得知识，

★ 书只是供给知识的一种工具，供给知识，其实并不一定要靠书。

《文章讲话》1938年初版

1

并不一定要靠书的了。古代的事，我们只好凭想象来说，或者有些不可靠，再看现在的情形吧。今天的讲演是用无线电播送给诸君听的，假定听的有一万人，如果我讲得好，有益于诸君，那效力就等于一万个人各读了一册"读书法"或"读书指导"等类的书了。我们现在除无线电话以外还有电影可以利用，历史上的事件，科学上的制造，如果用电影来演出，功效等于读历史书和科学书。假定有这么一天，无线电话和电影发达得很进步普遍，放送的材料有人好好编制，适于各种人的需要，那么书的用处会逐渐消灭，因为这些利器已可代替书了。我们因了想象知道太古时代没有书，将来也可不必有书，书的需要，可以说是一种过渡时代的现象。

今天所讲的题目是"阅读什么"，方才这番议论好像有些荒唐，文不对题。其实我的意思只是想借此破除许多读书的错误观念。我也承认书本在今日还是有用的，我们生存在今日，要求知识，最普通、最经济的方法还是读书。可是一向传下来的读书观念，很有许多是错误的。有些人把读书认为是高尚的风雅事情，把书本当作玩好品古董品，好像书这东西是与实际生活无关，读书是实际生活以外的消遣工作。有些人把

* 我也承认书本在今日还是有用的，我们生存在今日，要求知识，最普通、最经济的方法还是读书。

书认为是唯一的求学的工具，以为所谓求知识就是读书的别名，书本以外没有知识的来路。这两种观念都是错误的，犯前一种错误的以一般人为多，犯后一种错误的大概是青年人，尤其是日日手捏书本的中学生诸君。

我以为书只是求知识的工具之一，我们为了要生活，要使生活的技能充实，就得求知识。所谓知识，决不是什么装饰品，只是用来应付生活，改进生活的技能。譬如说，我们因为要在自然界中生存，要知道利用自然界理解自然界的情形，才去学习物理、化学和算学等科目；我们因为要在这世界上做人，才去学习世界情形，修习世界史和世界地理等科目；我们因为要做现在的中国人民，才去学习本国历史、地理、公民等科目。学习的方法可有各式各样，有时须用实验的方法，有时须用观察的方法，有时须用演习的方法，并不一定都依靠书。只因为书是文字写成的，文字是最便利的东西，可把世间一切的事情，一切的道理都记载出来，印成了书，随时随地可以翻看，所以书就成了求知识的重要的工具，值得大众来阅读了。

以上是我对于书的估价，下面就要讲到今天的题目"阅读什么"了。

★　所谓知识，决不是什么装饰品，只是用来应付生活，改进生活的技能。

3

青年人应该读些什么书？这是一个从古以来的大问题，对于这问题从古就有许多人发表过许多议论，近十年来这问题也着实热闹，有好几位先生替青年开过书目单，其中比较有名的是梁启超❶先生和胡适之❷先生所开的单子。诸君之中想必有许多人见过这些单子的。我今天不想再替诸君另开单子，只想大略地告诉诸君几个着手的方向。

我想把读书和生活两件事联成一气、打成一片来说，在我的见解，读书并不是风雅的勾当，是改进生活、丰富生活的手段，书籍并不是茶余酒后的消遣品，乃是培养生活上知识技能的工具。一个人该读些什么书，看些什么书，要依了他自己的生活来决定、来选择。我主张把阅读的范围，分成三个，（一）是关于自己的职务的，（二）是参考用的，（三）是关于趣味或修养的。举例子来说，做内科医生的，第一应该阅读的是关于内科的书籍杂志，这是关于自己职务的阅读，属于第一类。次之是和自己的职务无直接关系，可以作研究上的参考，使自己的专门知识更丰富确切的书，如因疟疾的研究，而注意到蚊子的种类，便去翻某种生物学书；因了疟蚊的分布，便去翻阅某种地理书；因了某种药物的性质，便去查检某种的植物书、矿物

❶ 梁启超（1873-1929）：字卓如，号任公，广东新会人，清光绪举人，和其师康有为一起，倡导变法维新，并称"康梁"。戊戌变法（百日维新）领袖之一，中国近代维新派代表人物，曾倡导文体改良的"诗界革命"和"小说界革命"。其著作合编为《饮冰室合集》。

❷ 胡适之（1891-1962）：即胡适，安徽绩溪人，字适之，笔名天风、藏晖等。现代著名学者、历史学家、哲学家。因提倡文学改良而成为新文化运动的领袖之一，与陈独秀同为五四运动的轴心人物，对中国近代史产生了较为深远的影响。代表作有《白话文学史》《中国哲学史大纲》《胡适文存》等。

书；因了某一词儿的怀疑，便去翻查某种辞典，这是
参考的阅读，属于第二类。再次之这位医生除了医生
的职务以外，当然还有趣味或修养的生活。在趣味方
面，他如果是喜欢下围棋的，不妨看看关于围棋的书，
如果是喜欢摄影的，不妨看看关于摄影的书，如果是
喜欢文艺的，不妨看看诗歌、小说一类的书。在修养
方面，他如果是有志于品性的修炼的，自然会去看名
人传记或经典格言等类的书，如果是觉得自己身体非
锻炼不可的，自然会去看游泳、运动等类的书。这是
趣味或修养方面的阅读，属于第三类。第一类关于职
务的书是各人不相同的，银行家所该阅读的书和工程
师不同，农业家所该阅读的书和音乐家不同。第二类
的参考书，是因了专门业务的研究随时连类牵涉到的，
也不能划出一定的种数。至于第三类的关于趣味或修
养的书，更该让各个人自由分别选定。总而言之，读
书和生活应该有密切的关联。

★ 读书和生活应该有密
切的关联。

　　上面我把阅读的范围分为三个，（一）是关于个
人职务的，（二）是参考的，（三）关于趣味或修养的。
下面我将根据这几个原则对中学生诸君讲"阅读什么"
的问题。

　　先讲关于职务的阅读。诸君的职务是什么呢？诸

君是中学生，职务就在学习中学校的各种功课。诸君将来也许会做官吏、做律师、开商店、做教师，各有各的职务吧，现在却都在中学校受着中等教育，把中学校所规定的各种功课，好好学习，就是诸君的职务了。诸君在职务上该阅读的书，不是别的，就是学校规定的各种教科书。诸君对于我这番话也许会认为无聊吧，也许有人说，我们每日捧了教科书上课堂、下课堂，本来天天在和教科书做伴侣，何必再要你来嘈杂❶呢？可是，我说这番话，自信态度是诚恳的。不瞒诸君说，我也曾当过许多年的中学教师，据我所晓得的情形，中学生里面能够好好地阅读教科书的人并不十分多。有些中学生喜欢读小说，随便看杂志，把教科书丢在一边，有些中学生爱读英文或国文，看到理化算学的书就头痛。这显然是一种偏向的坏现象。一般的中学生虽没有这种偏向的情形，也似乎未能充分地利用教科书。教科书专为学习而编，所记载的只是各种学科的大纲，原并不是什么了不得的著作，但对于学习还是有价值的工具。学习一种功课，应该以教科书为基础，再从各方面加以扩充，加以比较、观察、实验、证明等种种切实的功夫❷，并非胡乱阅读几遍就可了事。举例来说，国语科的读本，通常是用

❶ 嘈杂：声音杂乱扰人；喧闹。

❷ 功夫：原书为"工夫"。后同。

几篇选文编成的，假定一册国文读本共有三十篇文章，你光是把这三十篇文章读过几遍，还是不够，你应该依据了这些文章做种种进一步的学习，如文法上的习惯咧、修辞上的方式咧、断句和分段的式样咧，诸如此类的事项，你都须依据了这些文章来学习，收得扼要的知识才行。仅仅记牢了文章中所记的几个故事或几种议论，不能算学过国语一科的。再举一个例来说，算学教科书里有许多习题，你得一个一个地演习，这些习题，一方面是定理或原则的实际上的应用，一方面是使你对于已经学过的定理或原则更加明了的。例如四则问题有种种花样，龟鹤算咧、时计算咧、父子年岁算咧，你如果只演习了一个个的习题，而不能发现❶这些习题中的共通的关系或法则，也不好称为已学会了四则。依照这条件来说，阅读教科书，并非容易简单的工作了。中学科目有十几门，每门的教科书先该平均地好好阅读，因为学习这些科目是诸君现在的职务。

　　次之讲到参考书。如果诸君之中有人问我，关于某一科应看些什么参考书？我老实无法回答。我以为参考书的需要因特种的题目而发生，是临时的，不能预先决定。干脆地说，对于第一种职务的书籍阅读得马马虎虎的人，根本没有阅读参考书的必要。要参考，

❶ 发现：原书为"发见"。后同。

先得有题目，如果心里并无想查究的题目，随便拿一本书来东翻西翻，是毫无意味的傻事，等于在不想查生字的时候去胡乱翻字典。就国语科举例来说，诸君在国语教科书里读到一篇陶潜的《桃花源记》❶，如果有不曾明白的词儿，得翻辞典，这时辞典（假定是《辞源》❷）就成了参考书。这篇文章是晋朝人做的，如果诸君觉得和别时代人所写的情味有些两样，要想知道晋代文的情形，就会去翻中国文学史（假定是谢无量❸编的《中国文学史》），这时文学史就成了诸君的参考书。这篇文章里所写的是一种乌托邦思想，诸君平日因了师友的指教，知道英国有一位名叫马列斯的社会思想家写过一本《理想乡消息》❹和陶潜所写的性质相近，拿来比较，这时《理想乡消息》就成了诸君的参考书。这篇文章是属于记叙一类的，诸君如果想明白记叙文的格式，去翻看《记叙文作法》（假定是孙俍工❺编的），这时《记叙文作法》就成了诸君的参考书。还有，这篇文章的作者叫陶潜，诸君如果想知道他的为人，去翻《晋书·陶潜传》或《陶集》❻，这时《晋书》❼或《陶集》就成了诸君的参考书。这许多参考书是因为有了题目才发生的，没有题目，参考无从做起，学校图书室虽藏着许多的书，诸君自己虽买有

❶《桃花源记》：东晋文人陶渊明的代表作之一。

❷《辞源》：我国第一部大规模的综合性辞书。它始编于1908年，1915年以甲乙丙丁戊五种版式出版。

❸谢无量（1884-1964）：近代著名的学者，代表作有《佛学大纲》《伦理学精义》。

❹《理想乡消息》：应指威廉·莫里斯的《乌有乡消息》。威廉·莫里斯（1834-1896）是19世纪英国设计师、诗人、早期社会主义活动家。

❺孙俍工（1894-1962）：现代教育家、语言学家，著作有《中国文艺辞典》等。

❻《陶集》：即《陶渊明集》，梁昭明太子萧统搜集陶渊明遗世作品，编为《陶渊明集》。

❼《晋书》：唐朝房玄龄等撰，记载了从司马懿开始到晋恭帝元熙二年（420）的史事。

许多的书，也毫无用处。国语科如此，别的科目也一样。诸君上历史课听教师讲英国的工业革命一课，如果对于这件历史上的事迹发生了兴趣或问题，就自然会请问教师得到许多的参考书，图书馆里藏着的《英国史》，各种经济书类，以及近来杂志上所发表过的和这事有关系的单篇文字，都成了诸君的参考书了。所以，我以为参考书不能预先开单子，只能照了所想参考的题目临时来决定。在到图书馆去寻参考书以前，我们应该先问自己，我所想参考的题目是什么？有了题目，不知道找什么书好，这是可以问教师、问朋友、查书目的，最怕的是连题目都没有。

上面所讲的是关于参考书的话。再其次要讲第三种关于趣味修养的书了。这类的书可以说是和学校功课无关的，不妨全然照了自己的嗜好和需要来选择。一个人的趣味是会变更的，一时喜欢绘画的人，也许不久会喜欢音乐，喜欢文学的人，也许后来会喜欢宗教。至于修养，方面更广，变动的情形更多。在某时候觉得自己身心上的缺点在甲方面，该补充矫正，过了些时，也许会觉得自己身心上的缺点在乙方面，该补充矫正了。这种自然的变更，原不该勉强拘束，最好在某一时期，勿把目标更动。这一星期读陶诗，下

★ 有了题目，不知道找什么书好，这是可以问教师、问朋友、查书目的，最怕的是连题目都没有。

9

一星期读西洋绘画史，趣味就无法涵养了。这一星期读《曾国藩家书》[1]，下一星期读程朱[2]语录，修养就难得效果了。所以，我以为这类的书，在同一时期中，种数不必多，选择却要精。选定一二种，预定了时期来好好地读。假定这学期定好了某一种趣味上的书，某一种修养上的书，不妨只管读去，正课以外，有闲暇就读，星期日读，每日功课完毕后读，旅行的时候在车上、船上读，逛公园的时候坐在草地上读。如果读到学期完了，还不厌倦，下学期依旧再读，读到厌倦了为止。诸君听了我这番话，也许会骇异吧。我自问不敢欺骗诸君，诸君读这类书，目的不在会考通过，也不在毕业迟早，完全为了自己受用，一种书读一年，读半年，全是诸位的自由，但求有益于自己就是，用不着计较时间的长短。把自己欢喜读的书永久地读，是有意义的。赵普[3]读《论语》[4]，是有名的历史故事。日本有一位文学家名叫坪内逍遥[5]的，新近才死，他活了近八十岁，却读了五十多年的莎士比亚剧本。

我的话已完了。现在来一个结束。我以为：书是供给知识的一种工具，读书是改进生活、丰富生活的手段，该读些什么书要依了生活来决定选择。首先该阅读的是关于职务的书，第二是参考书，第三是关于

[1] 《曾国藩家书》：曾国藩的书信集，成书于清咸丰年间。记录了曾国藩在清道光三十年至同治十年前后达30年的翰苑和从武生涯，近1500封。所涉及的内容极为广泛，是曾国藩一生的主要活动和其治政、治家、治学之道的生动反映。

[2] 程朱：指北宋理学家程颐、程颢和朱熹。

[3] 赵普（922-992）：北宋初期的杰出政治家，著名的谋士。虽足智多谋却不好读书，后来在赵匡胤的劝告下开始读《论语》，有"半部《论语》治天下"之说。

[4] 《论语》：儒家的经典之一，由孔子的弟子及其再传弟子编撰而成。它以语录体和对话体、问答体为主，叙事体为辅，记录了孔子及其弟子的言行。

[5] 坪内逍遥（1859-1935）：日本戏剧家、小说家、评论家，著作有《小说神髓》《子规鸟孤城落月》等。

趣味修养的书。中学生先该把教科书好好地阅读，因为中学生的职务就在学习中学校课程。参考书可因了所要参考的题目去决定，最要紧的是发现题目。至于趣味修养的书可自由选择，种数不必多，选择要精，读到厌倦了才更换。

本文是向全国中学生作的广播稿，刊《中学生》❶第六十一期（1936年1月）。

❶《中学生》：一本有悠久历史的全国名牌刊物，创刊于1930年1月，由我国著名教育家夏丏尊、叶圣陶创办，是我国第一本专门为中学生创办的综合性读物。

二　怎样阅读

前天我曾对中学生诸君讲过一次话，题目是"阅读什么"。今天所讲的，可以说是前回的连续，题目是"怎样阅读"。前回讲"阅读什么"，是阅读的种类；今天讲"怎样阅读"，是阅读的方法。

"怎样阅读"和"阅读什么"一样，也是一个老问题，从前❶已有许多人对于这问题说过种种的话。我今天所讲的也并无前人所没有发表过的新意见、新方法，今天的话是对中学生诸君讲的，我只希望我的话能适合于中学生诸君就是了。

我在前回讲"阅读什么"的时候，曾经把阅读的范围划成三个方面。第一是职务上的书，第二是参考

❶ 从前：原书为"从来"。后同。

的书，第三是趣味修养的书。中学生的职务在学习中学校的课程，中学校的各科教科书属于第一类；学习功课的时候须有别的书籍做参考，这是参考书，属于第二类；在课外选择些合乎自己个人趣味或有关修养的书来阅读，这是第三类。今天讲"怎样阅读"，也仍想依据了这三个方面来说。

先讲第一类关于诸君职务的书，就是教科书。摆在诸君案头的教科书，有两种性质可分，一种是有严密的系统的，一种是没有严密的系统的。如算学、理化、地理、历史、植物、动物等科的书，都有一定的章节，一定的前后次序，这是有系统的。如国文读本、如英文读本，就定不出严密的系统，一篇韩愈的《原道》可以收在初中国文第一册，也可以收在高中国文第二册；一篇佛兰克林的传记❶，可以摆在初中英文第三册，也可以摆在高中英文第二册。诸君如果是对于自己所用着的教科书留心的，想来早已知道这情形。这情形并不是偶然的，可以说和学科的性质有关。有严密的系统的是属于一般的所谓科学，像国文、英文之类是专以语言文字为对象的，除文法、修辞教科书外，一般所谓读本、教本，都是用来做模范、做练习的工具的东西，所以本身就没有严密的系统了。教科

❶ 指《富兰克林传》，富兰克林 (1706-1790) 是 18世纪美国的实业家、科学家、社会活动家、思想家和外交家。他也是一位优秀的政治家，他参加起草了《独立宣言》和美国宪法。积极主张废除奴隶制度，深受美国人民的崇敬，在世界上也享有较高的声誉。

书既然有这两种分别，阅读的方法就也应该有不同的地方。

如果把阅读分开来说，一般科学的教科书应该偏重于阅，语言文字的教科书应该偏重在读。一般科学的教科书虽也用了文字写着，但我们学习的目标并不在文字上，譬如说，我们学地理、学化学，所当注意的是地理、化学书上所记着的事项本身，这些事项除图表外原用文字记着，但我们不必专从文字上去记忆揣摩，只要从文字去求得内容就够了。至于语言文字的学科就不同，我们在国文教科书里读到一篇文章——假定是韩愈的《画记》❶，这时我们不但该知道韩愈这个人，理解这篇《画记》的内容，还该有别的目标，如文章的结构、词句的式样、描写表现的方法等等，都得加以研究。如果读韩愈的《画记》，只知道当时曾有过这样的画，韩愈曾写过这样的一篇文章，那就等于不曾把这篇文章当作国文功课学习过。我们又在英文教科书里读华盛顿❷砍樱桃树的故事，目的并不在想知道华盛顿为什么砍樱桃树，砍了樱桃树后来怎样，乃是要把这故事当作学习英文的材料，收得英文上种种的法则。所以阅读两个字不妨分开来用，一般科学的教科书应懂它的内容，不必从文字上去瞎

❶《画记》：一篇涉及品评书画的杂文。

❷华盛顿（1789-1797）：美国首任总统，美国独立战争大陆军总司令。1789年，当选为美国第一任总统，1793年连任，在两届任期结束后，他自愿放弃权力不再续任，隐退于弗农山庄园。由于他扮演了美国独立战争和建国中最重要的角色，故被尊称为"美国国父"，学者们则将他和亚伯拉罕·林肯并列为美国历史上最伟大的总统。

费力，只要好好地阅就行，像国文、英文两门是语言文字的功课，应在形式上多用力，只阅不够，该好好地读。

不论是阅或是读，对于教科书该毫不放松，因为这是正式功课，是诸君职务上的工作。有疑难，得去翻字典；有问题，得去查书。这就是所谓参考了。参考书是为用功的人预备的，因为要参考先得有参考的项目或问题，这些项目或问题，要阅读认真的人才会从各方面发生。这理由我在前回已经讲过，诸君听过的想尚还能记忆，不多说了。现在让我来说些阅读参考书的时候该注意的事情。

第一，我劝诸君暂时认定参考的范围，不要把自己所要参考的项目或问题抛荒。我们查字典，大概把所要查的字或典故查出了就满足，不会再分心在字典上的。可是如果是字典以外的参考书，一不小心，往往有辗转跑远的事情。举例来说，你读《桃花源记》，为了"乌托邦思想"的一个项目，去把马列斯的《理想乡消息》来做参考书读，是对的，但你得暂时记住，你所要参考的是"乌托邦思想"，不是别的项目。你不要因读了马列斯的这部《理想乡消息》就把心分到很远的地方去。马列斯是主张美术的，是社会思想家，你如果不留意，也许会把所读的《桃花源记》忘掉，

★ 有疑难，得去翻字典；
  有问题，得去查书。

15

在社会思想咧、美术咧等等的念头上打圈子，从甲方面转到乙方面，再从乙方面转到丙方面，结果会弄得头脑杂乱无章。我们和朋友谈话的时候，常有把话头远远地扯开去，忘记方才所谈的是什么的。这和因为看参考书把本来的题目抛荒，情形很相像。懂得谈话方法的人，碰到这种情形，常会提醒对手，把话说回来，回到所要谈的事情上去。看参考书的时候，也该有同样的注意，和自己所想参考的题目无直接关系的方面，不该去多分心。

第二，是劝诸君乘参考之便留意一般书籍的性质和内容大略。除了查检字典和翻阅杂志上的单篇文字以外，所谓参考书者，普通都是一部一部的独立的书籍。一部书有一部书的性质、内容和组织式样，你为了参考，既有机会去见到某一部书，乘便把这一部书的情形知道一些，是并不费事的。诸君在中学里有种种规定要做的工作，课外读书的时间很少，有些书在常识上将来应用上却非知道不可，例如，我们在中学校里不读"二十五史"❶"十三经"❷，但"二十五史""十三经"是怎样的东西，却是该知道的常识。我们不做基督教徒，不必读圣书，但《新约》和《旧约》的大略内容，却是该知道的常识。如果你读历史课，对于"汉武帝扩展疆土"的题目，想知道详细

❶ "二十五史"：中国历代的二十五部纪传体史书的总称。它包括《史记》《汉书》《后汉书》《三国志》《晋书》《宋书》《南齐书》《梁书》《陈书》《魏书》《北齐书》《周书》《隋书》《南史》《北史》《旧唐书》《新唐书》《旧五代史》《新五代史》《宋史》《辽史》《金史》《元史》《新元史》《明史》二十五部史书。二十五史之中，除第一部《史记》是通史之外，其余皆为断代史。

❷ "十三经"：儒家的十三部经书，即《易》《书》《诗》《周礼》《仪礼》《礼记》《春秋左传》《春秋公羊传》《春秋谷梁传》《论语》《孝经》《尔雅》《孟子》。

情形，去翻《史记》❶或是《汉书》❷，这时候你大概会先翻目录吧，你翻目录，一定会见到"本纪""列传""表""志"或"书"等等的名目，这就是《史记》或《汉书》的组织构造。你读了里面的《汉武帝本纪》一篇，或全篇里的几段，再把这些目录看过，在你就算是对于《史记》或《汉书》发生过关系，《史记》《汉书》是怎样的书，你可懂得大概了。再举一个例来说，你从植物学或动物学教师口头听到"进化论"的话，你如果想对这题目多知道些详细情形，你可到图书馆去找书来看。假定你找到了一本陈兼善❸著的《进化论纲要》，你可先阅序文，看这部书是讲什么方面的，再查目录，看里面有些什么项目，你目前所参考的也许只是其中的一节或一章，但这全书的概括知识，于你是很有用处的。你能随时留心，一年之中，可以收得许多书籍的概括的大略知识，久而久之，你就知道哪❹些书里有些什么东西，要查哪些事项，该去找什么书，翻检起来，非常便利。

以上所说的是关于参考书的话。参考书因参考的题目随时决定，阅读参考书的时候，要顾到自己所参考的题目，勿使题目抛荒，还要把那部书的序文、目录留心一下，记个大略情形，预备将来的翻检便利。

❶ 《史记》：西汉司马迁撰写的中国第一部纪传体通史，是二十四史的第一部，记载了我国从传说中的黄帝到汉武帝后期长达3000年左右的历史。

❷ 《汉书》：又称《前汉书》，由我国东汉时期的历史学家班固编撰，是中国第一部纪传体断代史，"二十四史"之一。

❸ 陈兼善（1898-1988）：生物学家，著有《普通动物学》《鱼类学》（合作）、《台湾脊椎动物志》等。

❹ 哪：原书为"那"。后同。

17

❶ 王阳明（1472-1529）：明代著名的思想家、文学家和军事家，陆王心学之集大成者，非但精通儒家、佛家、道家，而且能够统军征战，是中国历史上罕见的全能大儒。著作有《王阳明全集》《传习录》《大学问》等。

❷《传习录》：王阳明的语录和论学书信。"传习"源自《论语》中的"传不习乎"一语。《传习录》包含了王阳明的主要哲学思想，是研究王阳明思想及心学发展的重要资料。

❸ 程、朱、陆、王：分别是指二程（程颢、程颐）、朱熹、陆九渊、王阳明。

以下应该讲的是趣味修养的书，这类的书，我在上回曾经讲过，种数不必多，选择要精。一种书可以只管读，读到厌倦才止。这类的书，也该尽量地利用参考书。例如：你现在正读着杜甫的诗集，那么有时候你得翻翻杜甫的传记、年谱以及别人诗话中对于杜诗的评语等等的书。你如果正读着王阳明**❶**的《传习录》**❷**，你得翻翻王阳明的集子、他的传记以及后人关于程、朱、陆、王**❸**的论争的著作。把自己正在读着的书做中心，再用别的书来做帮助，这样，才能使你读着的书更明白，更切实有味，不至于犯浅陋的毛病。

上面所讲的是三种书的阅读方法。关于阅读两个字的本身，尚有几点想说说。我方才曾把教科书分为两种性质，一种是属于一般的科学的，有严密的系统；一种是属于语言文字的，没有严密的系统。我又曾说过，属于一般科学的该偏重在阅，属于语言文字的，只阅不够，该偏重在读。现在让我再进一步来说，凡是书，都是用语言文字写成的，照普通的情形看来，一部书可以含有两种性质，书本身有着内容，内容上自有系统可寻，性质属于一般科学；书是用语言文字写着的，从形式上去推究，就属于语言文字了。一部《史记》，从其内容说是历史，但是也可以选出一篇来当作国文科教材。诸君所用的算学教科书，当然是属于科学一类的，但就语言文字看也未始不可为写作上的参考模范，算学书里的文章，朴实正确，秩序非常完整，实是学术文的好模样。这样看来，任何书籍都可有两种说法，如果就内容说，只阅可以了，如果当作语言文字来看，那么非读不可。

这次播音，教育部托我担任的是中学国语科的讲话，我把我的讲话限在阅读方面。我所讲的只是一般的阅读情形，并未曾专就国语一科讲话。诸君听了也许会说我的讲话不合教育部所定的范围条件吧。我得声明，我不承认有许多独立存在的所谓国语科的书籍，书籍之中除了极少数的文法、修辞等类以外，都可以是不属于国语科的。我们能说《论语》《孟子》❶《庄子》❷《左传》❸是国语吗？能说《红楼梦》《水浒》《三国演义》是国语吗？可是如果从形式上着眼，当作语言文字来研究，那就没有一种不是国语科的材料，不但《论语》《孟子》《庄子》《左传》是国语，《红楼梦》《水浒》《三国演义》是国语，诸君的物理教科书、植物教科书也是国语，甚至于张三的卖田契、李四的家信也是国语了。我以为所谓国语科，就是学习语言文字的一种功课，把本来用语言文字写着的东西，当作

❶《孟子》：中国儒家典籍中的一部，记录了战国时期思想家孟子的治国思想和政治策略，是孟子和他的弟子记录并整理而成的。《孟子》在儒家典籍中占有很重要的地位，为"四书"之一。

❷《庄子》：战国中期思想家庄周和他的门人以及后学所著。书分内、外、杂篇，原有52篇，乃由战国中晚期逐步流传、搀杂、附益，至西汉大致成形，然而当时流传版本，今已失传。目前所传33篇，已经郭象整理，篇目章节与汉代亦有不同。

❸《左传》：原名为《左氏春秋》，相传是春秋末年左丘明为解释孔子的《春秋》而作。

① 揣摩：反复地思考、推敲。

② 临帖：学习书法很重要的方法，将字帖置于案前，观察字的形态、结构、笔画，领会其精神，再下笔仿写。临帖，容易掌握字帖的笔意，但对把握字的结构位置不足。

③ 《子夜》：现代文学家茅盾创作的一部长篇小说。小说以20世纪30年代的旧上海为背景，以民族资本家吴荪甫为中心，描写了当时中国社会的各种矛盾和斗争。

④ 徐志摩（1896—1931）：现代诗人、散文家，新月派代表诗人，代表作有《志摩的诗》《翡冷翠的一夜》等。

语言文字来研究、来学习，就是国语科的任务。所以我只讲了一般的阅读，不把国语科特别提出。这层要请诸位注意。

把任何的书，从语言文字上着眼去学习研究，这种阅读，可以说是属于国语科的工作。阅读通常可分为两种，一是略读，一是精读。略读的目的在理解，在收得内容；精度的目的在揣摩①，在鉴赏。我以为要研究语言文字的法则，该注重于精读。分量不必多，要精细地读。好比临帖②，我们临某种帖，目的在笔意相合，写字得它的神气，并不在乎抄录它的文字。假定这部帖里共有一千个字，我们与其每日瞎抄一遍，全体写一千个字，倒不如拣选十个或二十个有变化的有趣味的字，每字好好地临几遍，来得有效。诸君读小说，假定茅盾的《子夜》③，如果当作语言文字的学习的话，所当注意的不但该是书里的故事，对于书里面的人物描写、叙事的方法、结构照应以及用辞、造句等等也该大加注意。诸君读诗歌，假定是徐志摩④的诗集，如果当语言文字学习的话，不但该注意诗里的大意，还该留心它的造句、用韵、音节以及表现、着想、对仗、风格等等的方面，语言文字上的变化技巧，其实并不十分多的，只要能留心，在小部分里也大概可以看得出来。假定一部书有五百页，每一页有一千个字，如果第一页你能看得懂，那么我敢保证，你是能把全书看懂的。因为全书所有的语言文字上的法则在第一页一千字里面大概都已出现。举例来说，文法上的法则，像动词的用法、接续词的用法、形容词的用法、助词的用法，以及几种句子的结合法，都已出现在第一页了。我劝诸君能在精读上多用力。

为了时间关系，我的话就将结束。我所讲的话，乱杂、疏漏的地方自己觉得很多，请诸君代去求教师替我修正。关于中学国语科的阅读，我几年前曾发表过好些意见，所说的话和这回大有些不同。记得有两篇文章，一篇叫做《关于国文的学习》，载在《中学各科学习法》（《开明青年丛书》之一）里，还有一篇叫《国文科课外应读些什么》，载在《读书的艺术》（《中学生杂志丛刊》之一）里，诸君如未曾看到过的，请自己去看看，或者对于我这回的讲话，可以得到一些补充。我这无聊的讲话，费了诸君许多课外的时间，对不起得很。

本文是向全国中学生作的广播稿，刊《中学生》第六十一期（1936 年 1 月）。

★ 假定一部书有五百页，每一页有一千个字，如果第一页你能看得懂，那么我敢保证，你是能把全书看懂的。

三　学习国文的着眼点

上

中学生诸君：这回我承教育部的委托，来担任关于国文科的讲演。讲演的题目叫做"学习国文的着眼点"。打算分两次讲，今天先来一个大纲，下次再讲具体的方法。

为了要使听众明了起见，开始先把我的意见扼要地提出。我主张学习国文该着眼在文字的形式方面。就是说，诸君学习国文的时候，该在文字的形式方面去努力。

所谓形式，是对内容说的。诸君学过算学，知道算学上的式子吧，"1+2=3"这个式子可以应用于种种不同的情形，譬如说一个梨子加两个梨子等于三个梨子，一只狗加两只狗等于三只狗，无论什么都适用。这里面，"1+2=3"是形式，"梨子"或"狗"是内容。算式上还有用"X"的，那更妙了，算式中凡是用着"X"的地方，不拘把什么数字代进去都适合，这时"1""2""3"等等的数字是内容，"X"是形式了。

让我们回头来从国文科方面讲，文字是记载事物发挥情意的东西，它的内容是事物和情意，形式就是一个个的词句以及整篇的文字。文字的内容是各各不同的，同是传记，因所传的人物而不同，同是评论，有关于政治的，有关于学术的，有关于经济的，同是书信，有讨论学问的，接洽事务的，可以说一篇文字有一篇文字的内容，无论别人所写或自己所写，每篇文字决不会有相同的内容的。内容虽然各不相同，形式上却有相同的地方；就整篇的文字说，有所谓章法❶、段落、结构等等的法则；就每一句说，有所谓句子的构成及彼此结合的方式，就每句中所用的词儿说，也有各种的方法和习惯。此外因了文字的体裁，各有一定共通的样式，例如，书信有书信的样式，章程有章程的样式，记事文有记事文的样式，论说文有论说

❶ 章法：指文章的组织结构；比喻处理事情的规则和办法。

文的样式。这种都是形式上的情形，和文字的内容差不多无关。我以为在国文科里所应该学习的就是这些方面。

国文科是语言文字的学科，和别的科目性质不同，这只要把诸君案头上教科书拿来比较，就可明白。别的科目的教科书如动物、植物、历史、地理、算术、代数，都是分章节的，全书共分几章，每章之中又分几个小节，前一章和后一章，前一节和后一节，都有自然的顺序，系统非常完整，可是国文科的教科书就不是这样了。诸君所读的国文教材，大部分是所谓选文，这些选文是一篇一篇的东西，有的是前人写的，有的是现代人写的，前面是《史记》里的一节，接上去的也许可以是《红楼梦》❶或《水浒传》❷的一节，前面是古人写的书信，接上去的也许会是现代人的小说。这种材料的排列，谈不到什么秩序和系统，至于内容，更是杂乱得❸很。别的科目的内容，是以我们所需要的知识为范围排列着的，植物教科书告诉我们关于植物的一般常识，历史教科书告诉我们人类社会活动进步的经过，地理教科书告诉我们地面上的种种现象和人类的关系，都有一定的内容可说。但是国文教科书的内容是什么呢？却说不出来。原来国文科的

❶《红楼梦》：中国古代四大名著之一，章回体长篇小说，原名《石头记》。本书前80回由曹雪芹所著，后40回为高鹗（一说是无名氏）续，程伟元、高鹗整理。《红楼梦》是一部具有高度思想性和艺术性的伟大作品。作为一部成书于封建社会晚期，清朝中期的文学作品，该书系统总结了中国封建社会的文化、制度，对封建社会的各个方面进行了深刻的批判，并且提出了朦胧的带有初步民主主义性质的理想和主张。

❷《水浒传》：简称《水浒》，由施耐庵作于元末明初，是中国四大名著之一。全书描写北宋末年以宋江为首的一百零八好汉在梁山泊起义，以及聚义之后接受招安、四处征战的故事。

❸ 得：原书为"的"。后同。

内容什么都可以充数，忠臣、孝子的事迹固然可以做国文的内容，苍蝇、蚊子的事情也可以做国文的内容，诸君试把已经读过的文字回忆一下，就可发现内容上的杂乱的情形。国文科的内容不但杂乱，而且有许多不是我们所需要的。譬如说：现在已是飞机炸弹的时代了，我们所需要的是最新的战争知识，而在国文教科书里所选到的还是单刀匹马式的《三国志演义》或《资治通鉴》❶里的一节。我们已是二十世纪的共和国公民了，从前封建时代的片面的道德观念已不适用，可是我们所读的文字，还有不少以宗祧、贞烈等为内容的。我们是青年人，青年人所需要的是活泼、勇猛的精神，可是国文教科书里尽有不少中年人或老年人所写的颓唐、感伤的作品，甚至于还有在思想上、态度上已经明白落伍了的东西。国文科的教材如果从内容上看来，真是杂乱而且不适合的。有些教育者见到了这一层，于是依照了内容的价值来编国文教科书，他们预先定下了几个内容项目，以为青年应该孝父母、爱国家，应该交友有信，应该办事有恒，于是选几篇孝子的传记排在一组，选几篇忠臣烈士的故事排在一组，这样一直排下去。这办法无异叫国文科变成了修身科或公民科，我觉得也未必就对。给青年读的文字

❶《资治通鉴》：北宋史学家、政治家司马光（1019-1086）和他的助手历时19年编纂的一部编年体通史巨著。记载了从战国到五代共1362年的史事。在这部书里，编者总结出许多经验教训，供统治者借鉴。宋神宗认为此书"鉴于往事，有资于治道"，即以历史的得失作为鉴诫来加强统治，所以定名为《资治通鉴》。

当然要选择内容好的，但内容的价值，在国文科究竟不是真正的目的。

我的意思，国文科是语言文字的学科，除了文法、修辞等部分以外，并无固定的内容的。只要是白纸上写有黑字的东西，当作文字来阅读、来玩味的时候，什么都是国文科的材料。国文科的学习工作，不在从内容上去深究探讨，倒在从文字的形式上去获得理解和发表的能力。凡是文字，都是作者的表现。不管所表现的是一桩事情、一种道理、一件东西或一片情感，总之逃不了是表现。我们学习国文，所当注重的并不是事情、道理、东西或情感的本身，应该是各种表现方式和法则。诸君读英文的时候，曾经读过"龟兔竞走"❶的故事吧。诸君读这故事，如果把注意力为内容所牵住，只记得兔最初怎样自负，怎样疏忽，怎样睡熟，龟怎样努力，怎样胜过了兔等等一大串，而忘却了本课里的所有的生字、难句，及别种文字上的方式，那么结果就等于只听到了"龟兔竞走"的故事，并没有学到英文。国文和英文一样，同是语言文字的科目，凡是文字语言，本身都附带有内容，文字语言本来就是为了要表现某种内容才发生的，世间决不会有毫无内容的文字语言。不过在国文科里，我们所要学习的

❶ "龟兔竞走"：即龟兔赛跑的故事，是一则寓言。兔子和乌龟赛跑，兔子嘲笑乌龟爬得慢，乌龟说，总有一天它会赢。兔子说，现在就开始比赛。乌龟拼命地爬，兔子认为比赛太轻松了，它先打了个盹儿，自以为是地说很快就能追上乌龟。乌龟一刻不停地爬行，当兔子醒来的时候乌龟已经到达终点了。此故事说明：不可轻易小视他人。

是文字语言上的种种格式和方法，至于文字语言所含的内容，倒并不是十分重要的东西。我们自己写作的时候，原也需要内容，这内容要自己从生活上得来，国文教科书上所有的内容，既杂乱，又陈腐，反正是不适用、不够用的。我们的目的，是要从古人或别人的文字里学会了记叙的方法，来随便叙述自己所要叙述的事物；从古人或别人的文字里学会了议论的方法，来随便议论自己所想议论的事情。

学习国文，应该着眼在文字的形式上，不应该着眼在内容上，这理由上面已经说了许多，诸君想来已可明白了。有一件事要请大家注意，就是文字的内容是有吸引人的力量的东西，我们和文字相接触的时候，容易偏重内容忽略形式。老实说，一般的文字语言的法则，在小学教科书里差不多已完全出现了的，诸君在未进中学以前，曾经读过六年的国语，教科书共有十二册。这十二册教科书照理应该把一般的文字语言的法则包括无遗。可是据我所知道的情形看来，似乎从小学出来的人都未能把这些法则完全取得。这是不足怪的，文字语言具有内容、形式两个方面，要想离开内容去注意它的形式，多少需要有冷静的头脑。小学国语教科书的内容更不同，总算是依照了儿童生活

★　文字语言具有内容、形式两个方面，要想离开内容去注意它的形式，多少需要有冷静的头脑。

27

情形编造的，内容的吸引力更大，更容易叫读的人忽略形式方面。用实在的例来说，依年代想来，诸君在小学里学国语，第一课恐怕是"狗，大狗，小狗。大狗叫、小狗跳"吧。这寥寥几个字，如果从文字的形式上着眼去玩味，有单语和句子的分别，有形容词和名词的结合法，有押韵法，有对偶法，有字面重叠法。但是试问诸君当时读这课书，曾经顾到这些吗？那时先生学着狗来叫给诸君听、跳给诸君看，又在黑板上画大狗画小狗，对诸君讲狗的故事，诸君心里又想起家里的小花或是间壁人家的来富，整个的兴趣都被内容吸引去了，哪里还有工夫来顾到文字形式上的种种方面。据我的推测，诸君之中大多数的人，在小学里学习国语，经过情形就是如此的。不但小学时代如此，诸君之中有些人在中学里读国文的情形，恐怕还是如此。诸君读到一篇烈士的传记，心里会觉得兴奋吧。读到一篇悲伤的小说，眼里会为之流泪吧。读到一篇干燥无味的科学记载，会感到厌倦吧。这种现象在普通读书的时候是应该的，不足为怪，如果在学习文字的时候，大大地自己留意。对于一篇文字或是兴奋、或是流泪、或是厌倦，都不要紧，但是在兴奋、流泪或厌倦之后，用冷静的头脑去再读、再习，从文

★ 内容的吸引力更大，更容易叫读的人忽略形式方面。

字的种种方面去追求、去发掘。因为你在学习国文，你的目的不在兴奋、不在流泪、不在厌倦，在学习文字呀。

竟有许多青年，在中学已经毕业，文字还写不通的，其原因不消说就在平时学习国文未得要领。文字的所以不通，并不是缺乏内容，十之八九毛病在文字的形式上。这显然是一向不曾在文字的形式上留意的缘故。他们每日在国文教室里对了国文教科书或油印的选文，只知道听教师讲典故，讲作者的故事，典故是讲不完的，故事是听不完的，一篇一篇的作品也是读不完的。学习国文，目的就在学得用文字来表现的方法，他们只着眼于别人所表现着的内容本身，不去留心表现的文字形式，结果当然是劳而无功的。

从前的读书人学文字，把大半的工夫花在揣摩和诵读方面。当时可读的东西没有现在的多，普通人所读的只是几部经书和几篇限定的文章。说到内容，真是狭陋得很。所写的文字也只有极单调的一套，如"且夫天下之人……往往然也"之类。他们的文字虽然单调，在形式上倒是通的，只是内容空虚、顽固得可笑而已。近来学生的文字，毛病适得其反，内容的范围已扩张得多了，缺点往往在形式上。这是值得大大

* 文字的所以不通，并不是缺乏内容，十之八九毛病在文字的形式上。

地加以注意的。

我的话完了，今天说了不少的话，最重要的只有一句，就是说，学习国文应该着眼在文字的形式方面。至于具体的学习方法，留到下一回再讲。

下

中学生诸君：前两天，我曾有过一回讲演，题目叫做"学习国文的着眼点"，大意是说，学习国文应该从文字的形式上着眼。今天所讲的是前回的连续，前回只讲了一番大意，今天要讲到具体的方法。

学习国文的方法，从古到今不知道已有多少人说过，我今天所讲的不消说都是些"老生常谈"❶，请勿见笑。我是主张学习国文应该着眼在文字的形式的，我所讲的方法也是关于文字形式方面的事情。打算分三层来说，（一）是关于词儿的，（二）是关于句子的，（三）是关于表现方法的。

先说关于词儿所当注意的事情，第一是词儿的辨别要清楚，中国的文字是一个个的方块字，本身并无语尾变化，完全由方块的单字拼合起来造出种种的功用。中国文字寻常所用的不过一二千个字，初看去似

❶ 老生常谈：老书生经常说的话。比喻人们听惯了的没有新鲜意思的话。

30

乎只要晓得了这一二千个字，就可看得懂一切的文字了，其实这是大错的。中国常用的文字数目虽有限，可是拼合成功的词儿数目却很多。例如"轻""重"两个字，是小学生都认识的，但"轻"字、"重"字和别的单字拼合起来，可以造成许多词儿，如"轻率""轻浮""轻狂""轻易""轻蔑""轻松""轻便"都是用"轻"字拼成的词儿，"重要""重实""严重""厚重""沉重""郑重""尊重"都是用"重"字拼成的词儿，此外还可有各种各样的拼合法。这些词儿当然和原来的"轻"字、"重"字有关联，可是每个词儿的意思、情味并不一样，老实说每个都是生字。你在读文字的时候必会和许许多多的词儿相接触，你在写文字的时候必要运用许许多多的词儿，词儿的注意，是很要紧的。中国从前的字典只有一个个的单字，近来已有辞典，不仅只以单字为本位，把常用的词儿都收进去了。每一个词儿的意义似乎可用辞典来查考，但你必须留意，辞典对于词儿的解释，是用比较意思相像的同义语来凑数的，譬如说"轻狂"和"轻薄"两个词儿，明明是有区别的，可是你如果去翻辞典，就会见"不稳重"或"不庄重"等类的共通的解释。这并不是辞典不好，实在是无可奈何的事，一个词儿的意

★ 中国常用的文字数目虽有限，可是拼合成功的词儿数目却很多。

31

义是多方面的，辞典当然不能一一列举，只能把大意用别的同义语来表示罢了。词儿不但有意义，还有情味，词儿的情味，完全要靠自己去领略，辞典是无法帮忙的。犹之吃东西，甜、酸、苦、辣是尝得出，说不出的东西。文字语言是社会的产物，词儿因了许多人的使用，各有着特别的情味，这情味如不领略到，即使表面的意义懂得了，仍不能算已了解了这词儿。再举例来说，"现代"和"摩登"❶，意思是差不多的，可是情味大大不同。"现代学生""现代女子"并不就是"摩登学生""摩登女子"的意思。这因为"摩登"二字在多数人的心目中已变更了意义，"现代"二字不能表出它的情味了。又如"贼出关门"和"亡羊补牢"这两个成语，都是事后补救的譬喻，意思也是差不多的，但使用在文字语言里情味也有区别。"贼出关门"表示补救已来不及，"亡羊补牢"表示尚来得及补救。这因为"亡羊补牢"一向就和"未为晚也"联在一处，而"贼出关门"却是说人家失窃以后的情形的缘故。对于词儿，不但要知道它的解释，还要懂得它的情味。你在读文字的时候，如果不用这步功夫，那么你不但对于所读的文字不能十分了解，将来自己写起文字来也难免要犯用词不当的毛病。

❶ 摩登：英语 mordern 的音译，有"现代"和"时髦"之意。后来，逐渐以"时髦"为主要含义。

上面所讲的是词儿的解释和情味两方面。关于词儿，另外还有一个方面值得注意，就是词儿在句子中的用法，这普通叫词性，是文法上的项目。我在前面曾经讲过，中国文字本身是一个个的方块字，一个词儿用作名词、动词、形容词、副词，有时候都可以的。譬如"上下"一个词儿，就有各种不同的用法，这里有几句句子："上下和睦""上下其手""张三李四成绩不相上下""上下房间都住满了人"，这几句句子里都有"上下"的词儿，可是文法上的词性各不相同。"上下"是两个单字合成的词儿，尚且有这些变化，至于单字的词儿变化更多了。这些变化，在普通的辞典里是找不着的，你须得在读文字的时候随处留意。你已记得梅花、兰花的"花"字了，如果在读文字的时候碰到花钱的"花"字，花言巧语的"花"字，或是眼睛昏花的"花"字，都应该记牢，再如果碰到别的用法的"花"字也应该记牢，因为这些都是"花"字的用法。你如果只知道梅花、兰花的"花"，不知道别的"花"，就不能算完全认识了"花"这一个词儿。

关于词儿，可说的方面还不少，上面所举出的三项，就是词儿的意义、情味，在句子中的用法，是比较重要的，学习的时候应该着眼在这些方面。

★ 关于词儿，另外还有一个方面值得注意，就是词儿在句子中的用法，这普通叫词性，是文法上的项目。

以下要讲到句子了。关于句子，第一所当着眼的是句子的样式。自古以来用文字写成的东西，不知有多少，即就诸君所读过的来说，也已很可观了。这些文字，虽然各不相同，若就一句句的句子看来，我以为样式是并不多的。我曾经有一个志愿，想把中国文字的句式来做归纳的统计，办法是取比较可做依据的书，文言的如"四书"❶"五经"❷，白话的如《红楼梦》《水浒》，一句句地圈断，剪碎，按照形式相同的排比起来。譬如说"子曰""曾子曰""孟子曰"和"贾宝玉道""林黛玉道""武松道"归成一类，"不亦悦乎""不亦乐乎""不亦快哉"归成一类，"穆穆文王""赫赫泰山""区区这些礼物"归成一类，"烹而食之""顾而乐之""垂涕泣而道之"归成一类，这样归纳起来，据我推测，句子的种类是很有限的，确数不敢说，至多不会超过一百种的式样。诸君如不信，不妨去试试。读文字，听谈话，能够留心句式，找出若干有限的格式来，不但在理解上可以省却气力，而且在发表上也可以得到许多便利。诸君读文言传记，开端常会碰到"××，××人"或"××者××人也"吧，这是两个式样，如果有时候碰到"一丈，十尺"或"仁者人也"不妨把它归纳起来当作一类的格

❶ "四书"：是《大学》《中庸》《论语》《孟子》的合称。朱熹撰《四书章句集注》，"四书"之名始立。

❷ "五经"：指儒家的五部经典，即《周易》《尚书》《诗经》《礼记》《春秋》。

式记在肚子里。诸君和朋友谈话，如果听到"天会下雨吧"，"我要着皮鞋了"，就把它归纳起来当作一类格式来记住。

这样把句子依了式样来归并，可以从繁复杂乱的文字里看出简单的方法来，在学习上是非常切实有用的。此外尚有一点要注意，句子的式样是就句子独立着的情形讲的。一篇文字由一句句的句子结合而成，句子和句子的关系并不简单。平常所认定的句子的式样，和别的辞句连在一处的时候，也许可以把性质全然变更。譬如说，"山高水长"❶这句句式和"桃红柳绿"❷咧，"日暖风和"咧，是同样的。但如果上面加成分上去，改为"先生之风山高水长"的时候，情形就不同了。光是从"山高水长"看来，高的是山，长的是水，至于在"先生之风山高水长"里面，高的不是山，是先生之风，长的不是水，也是先生之风，意思是说"先生之风像山一般的❸高，水一般的长"了。这种情形，日常语言里也常可碰到，譬如说，"今天天气很好""我和你逛公园去吧"，这是两句独立完整的句子，如果连结起来，上一句就成了下一句的条件，资格不相等了。一句句子放在整篇的文字里和上文下文可以有种种的关系，连接的式样很多，方才所举的

❶ 山高水长：像山一样高耸，如水一般长流。原比喻人的风范或声誉像高山一样永远存在，后比喻恩德深厚。

❷ 桃红柳绿：桃花嫣红，柳枝碧绿。形容花木繁盛、色彩绚烂的春景。也用于对社会环境的虚写，表达一派生机盎然的景象，多为太平盛世之状。

❸ 的：原书为"地"。后同。

① 地：原书为"的"。后同。

只不过一二个例子而已。读文字的时候对于每一句句子不但要单独地①认识它，还要和上下文联络了认识它，自己写作文字的时候，对于每一句句子不但要单独地看来通得过，还要合着上下文看来通得过。尽有一些人，在读文字的时候，逐句懂得，而贯串起来倒不清楚，写出文字来，逐句看去似乎没有毛病，而连续下去却莫名其妙，这都是未曾把句子和句子的关系弄明白的缘故。

上面已讲过词儿和句子，以下再讲表现的方法。文字语言原是表现思想感情的工具，我们心里有一种意思或是感情，用文字写出来或口里讲出来，这就是表现。表现有各种各样的方法，同是一种意思或感情，可有许多表现的方式；同是一句话，可有各种各样的说法。譬如说"张三非常喜欢喝酒"，这话可以改变方式来说，例如"张三是个酒徒"咧，"张三是酒不离口的"咧，"酒是张三的第二生命"咧，意思都差不多，此外不消说还可有许多的表现法。"晚上睡得着"一句话可以用作"安心"的表现；骂人"没用"，有时可以用"饭桶"来表现，有时可以用反对的说法，说他是"宝贝"或"能干"。意思只是一个，表现的方法却不止一个，在许多方法之中，究竟用哪一种好，这是要看情形怎样，无法预定的。读文字的时候最好能随时顾到，看作者所用的是哪一种表现法，用得有没有效果？自己写作文字，对于自己所想表现的意思，也须尽量考虑，选择最适当的表现法。

文字语言的一切技巧，可以说就是表现的技巧。写一件事情、一种东西或是一种感情，用什么文体来写，先写什么，后写什么，写得简单或是写得详细，诸如此类，都是表现技巧上的问题。所以值得大大地注意。

★ 文字语言的一切技巧，可以说就是表现的技巧。

我在上面已就了词儿、句子、表现法三方面，分别说明应该注意的事情，这些都是文字的形式上应该着眼的。诸君学习文字，我觉得这些就是值得努力的地方。

末了，我劝诸君能够用些读的功夫，从前的读书人，学习文字唯一的方法就是读。自有学校教育以来，对于文字往往只用眼睛看，用口来读的人已不多了。其实读是很有效的方法，方才所举的关于词儿、句子、表现法等类的事项，大半是可在读的时候发现领略的。我以为诸君应该选择几篇可读的文字来反复熟读，白话文也可用谈话或演说的调子来读。读的篇数不必多，材料要精，读的程度要到能背诵。读得熟了，才能发现本篇前后的照应，才能和别篇文字做种种的比较。因为文字读得会背诵以后，可离开书本，随时记起，就随时会有所发现，学习研究的机会也就愈多了。不但别人写的文字要读，自己写文字的时候也要读，从来名家都用过就草稿自读自改的苦功。

关于国文的学习，可讲的方面很多。时间有限，今天所讲的只是这些。我对于中学国文教学，曾发表过许多意见，有两部书，一部叫《文心》❶，一部叫《国文百八课》❷，都是我和叶绍钧❸先生合写的，诸君如未曾看到过，不妨参考参考。

本文是向全国中学生作的广播稿，刊《中学生》第六十八期（1936 年 10 月）。

❶《文心》：以故事体裁写的专讲写和读的书，故事发生的时间是 1931 年初秋到 1934 年夏天，取材于初中学生的生活。里面有循循善诱又平易近人的国文教师王仰之先生，有好学又活泼的学生乐华和大文。本书有 32 个小故事，可以说是"中学生的 32 堂国文课"，涵盖了修辞、语法、词汇、诗词、小说、日记、书信、工具书、文学史等诸多与作文相关的语文知识。

❷《国文百八课》：开明书店出版的很有特色的初中语文课本。从 1935 年到 1938 年先后印出四册，第五、六册因抗日战争爆发，没能继续编印，实际只有 72 课，因先期出版时已使用"百八课"名称，故以后出版仍沿用原名。

❸ 叶绍钧（1894–1988）：即叶圣陶，现代著名作家、教育家、社会活动家，代表作有《隔膜》《倪焕之》《西川集》《稻草人》等。

四　关于国文的学习

（一）引言

摆在我面前的题目，是《关于国文的学习》，就是要对中学生诸君谈谈国文的学习法。我虽曾在好几个中学校任过好几年国文科教员，对于这任务，却不敢自信能胜任愉快。因为这题目范围实在太广了，一时无从说起，并且自古迄今，已不知有若干人说过若干的话，著过若干的书；即在现在，诸君平日在国文课里，也许已经听得耳朵要起茧哩。我即使说，也只是些老生常谈而已。

我敢在这里声明，以下所说的不出老生常谈。把老生常谈择要选取来加以演述，使中学生诸君容易领会，因而得着好处，是我的目的。这目的如果能达到若干，那就是我对于中学生诸君的贡献了。

（二）中学生应具的国文能力

★ "国文"二字，是无止境的。

"国文"二字，是无止境的。要谈中学生的国文学习法，先须预定中学生应具的国文程度。有了一定的程度，然后学习才有目标，也才有学习法可言。

诸君是中学生，对于毕业时的国文科的学力，各自做怎样的要求，我原不知道，想来是必各怀着一种期待吧。我做了许多年的中学国文教员，对于国文科的学力，曾在心中主观地描绘过一个理想的中学生，至今尚这样描绘着。现在试把这理想的人介绍给诸君相识。

他能从文字上理解他人的思想感情，用文字发表自己的思想感情，而且能不至于十分理解错，发表错。

他是一个中国人，能知道中国文化及思想的大概。知道中国的普通成语与辞类，遇不知道时，能利用工具书自己查检。他也许不能用古文来写作，却能看得

40

懂普通的旧典籍，他不必一定会作诗，作赋，作词，作小说，作剧本，却能知道什么是诗，是赋，是词，是小说，是剧本，加以鉴赏。他虽不能博览古昔典籍，却能知道普通典籍的名称、构造、性质、作者及内容大略。

他又是一个世界上的人，一个二十世纪的人，他也许不能直读外国原书，博通他国情形，但因平日的留意，能知道全世界普通的古今事项，知道周比特（Jupiter）、阿普罗（Apollo）、委娜斯（Venus）等类名词的出处，❶知道"三位一体""第三国际"等类名词的意义，知道荷马❷（Homer）、拜伦（Byron）❸是什么人，知道《神曲》❹（Devine Comedy）、《失乐园》❺（Paradise Lost）是谁的著作，不会把"梅德林克"❻误解作乐器中的曼陀铃，把"伯纳特·萧"❼误解作是一种可吹的萧！（这是我新近在某中学校中听到的笑话，这笑话曾发生于某国文教员。）

我理想中所期待悬拟的中学毕业生的国文科的程度是这样。这期待也许有人以为太过分，但我自信却不然。中学毕业生是知识界的中等分子，常识应该够得上水平线。具备了这水平线的程度，然后升学的可以进窥各项专门学问，不至于到大学里还要听名词、

❶ 周比特：今译朱庇特，即宙斯，希腊神话中的主神。阿普罗：今译阿波罗，希腊神话中十二主神之一。委娜斯：今译维纳斯，是希腊神话中主司爱与美的女神。

❷ 荷马：古希腊盲诗人。

❸ 拜伦（1788-1824）：英国19世纪初浪漫主义诗人，代表作有《唐璜》。

❹《神曲》：意大利诗人但丁的长诗。

❺《失乐园》：英国诗人弥尔顿创作的长诗。

❻ 梅德林克：今译梅特林克（1862-1949），比利时剧作家，代表作有《青鸟》。

❼ 伯纳特·萧：今译萧伯纳（1856-1950），爱尔兰剧作家，代表作有《圣女贞德》《伤心之家》等。

动词的文法，读一篇一篇的选文。不升学的可以应付实际生活，自己补修起来也才有门径。

现在再试将十八年❶八月教育部颁行的《中学课程暂行标准》中所规定的高中及初中的毕业最低限度抄列如下。

（甲）高中国文科毕业最低限度：

1. 曾精读名著六种而能了解与欣赏。

2. 曾略读名著十二种而能大致了解欣赏。

3. 能于中国学术思想、文学流变、文字构造、文法及修辞等有简括的常识。

4. 能自由运用语体文及平易的文言文作叙事说理表情达意的文字。

5. 能自由运用最低限度的工具书。

6. 略能检用古文书籍。

（乙）初中国文科毕业最低限度：

1. 曾精读选文，能透彻了解并熟习至少一百篇。

2. 曾略读名著十二种，能了解大意，并记忆其主要部分❷。

3. 能略知一般名著的种类、名称、图书馆及工具书籍的使用，自由参考阅读。

4. 能欣赏浅近的文学作品。

❶ 十八年：此处指民国十八年。

❷ 部分：原书为"部份"。后同。

42

5. 能以语体文作充畅的文字，无文法上的错误。

6. 能阅览平易的文言文书籍。

把我所虚拟的中学生的国文程度和教育部所规定的中学生国文科毕业最低限度两相比较，似乎也差不多，不过教育部的规定把初中、高中截分为二，我则泛就了中学生设想而已。

现在试姑把这定为水平线，当作一种学习的目标。那么怎样去达到这目标呢？这就是本文所欲说的了。

（三）关于阅读

依文字的本质来说，国文的学习途径，普通是阅读与写作二种。阅读就是我在前面所说的"从文字上理解他人的思想感情"的事，写作就是我在前面所说的"用文字发表自己的思想感情"的事。能阅读，能写作，学习文字的目的就已算达到了。

先谈阅读。

"阅读什么"就是我屡从我的学生及一般青年接到的问题。关于这问题，曾有好几个人开过几个书目。如胡适的《最低限度的国学书目》，梁启超的《国学入门书要目》，此外还有许多人发过不少零碎的意见。我

★ 阅读就是我在前面所说的"从文字上理解他人的思想感情"的事，写作就是我在前面所说的"用文字发表自己的思想感情"的事。

在这里却不想依据这些意见，因为"国文"与"国学"不同，而且那些书目也不是为现在肄业中学校的诸君开列的。

就眼前的实况说，中学国文尚无标准读本，中学国文课程中的读物，大部分是选文。别于课外由教师酌定若干整册的书籍作为补充。一般的情形既不过如此，当然谈不到什么高远的不合实际的议论。我在本文中只拟先就选文与教师指定的课外书籍加以说述，然后再涉及一般的阅读。

今天选读一篇冰心❶的小说，明天来一篇柳宗元❷的游记，再过一日来一篇《史记》列传，教师走马灯式地讲授，学生打着呵欠敷衍，或则私自携别书观览，这是普通学校中国文教室中的一般情形。本文是只对学生诸君说的，教师方面的话姑且不提，只就学习者方面来说。中学国文课中既以选文为重要成分❸，占着时间的大部分，应该好好地加以利用。为防止教师随便敷衍计，我以为不妨由学生预先请求教师定就一学年或半学年的选文系统，决定这学年共约选若干篇文字；内容方面，属于思想的若干篇，属于文艺的若干篇，属于常识或偶发事项的若干篇，属于实用的若干篇；形式方面，属于记叙体的若干篇，属于议论体的

❶ 冰心（1900-1999）：原名谢婉莹，现代著名诗人、作家、儿童文学家。她的散文和诗歌一度产生很大的影响，分别被茅盾称为"繁星体"和"春水体"。代表作有《繁星》《春水》《寄小读者》等。

❷ 柳宗元（773-819）：字子厚，山西运城人，世称"柳河东""河东先生"。唐代文学家、哲学家、散文家和思想家，与韩愈共同倡导唐代古文运动，并称为"韩柳"。与刘禹锡并称"刘柳"。代表作《永州八记》《柳河东集》等。

❸ 成分：原书为"成份"。后同。

若干篇，属于传记或小说的若干篇，属于戏剧或诗歌的若干篇，属于书简或小品的若干篇。(此种预计，只要做教师的不十分撒滥污，照理应该不待学生请求，自己为之。)材料既经定好，对于选文，应该注意切实学习。

我以为最好以选文为中心，多方学习，不要把学习的范围限在选文本身。因为每学年所授的选文为数无几，至多不过几十篇而已。选文占着国文正课的重要部分，如果于一学年之中仅就了几十篇文字本身，得知其内容与形式，虽然试验时可以通过，究竟得益很微，不能算是善学者。受到一篇选文，对于其本身的形式与内容，原该首先理解，还须进而由此出发，做种种有关系的探究，以扩张其知识。例如教师今日选授陶潜的《桃花源记》，我以为学习的方面可有下列种种：

（1）求了解文中未熟知的字与辞。

（2）求了解全文的意趣与各节各句的意义。

（3）文句之中如有不能用旧有的文法知识说明者，须求得其解释。

（4）依据了此文玩索记叙文的作法。

（5）借此领略晋文风格的一斑。

★ 我以为最好以选文为中心，多方学习，不要把学习的范围限在选文本身。

（6）求知作者陶潜的事略，旁及其传记与别的诗文。最好乘此机会去一翻《陶集》。

（7）借此领略所谓乌托邦思想。

（8）追求作者思想的时代的背景。

一篇短短的《桃花源记》，于供给文法文句上的新知识以外，还可借以知道记叙文的体式，晋文的风格，乌托邦思想的一斑，陶潜的传略，晋代的状况等等。如此以某篇文字为中心，就有关系的各方面扩张了学去，有不能解决的事项，则翻书查字典或请求教师指导，那么读过一篇文字，不但收得其本身的效果，还可连带了习得种种的知识。较之胡乱读过就算者真有天渊之差了。知识不是孤立可以求得的，必须有所凭借，就某一点分头扩张、追讨，愈追讨关联❶愈多，范围也愈广。好比雪球，愈滚愈会加大起来。

以上所说的是对于选文的学习法，以下再谈整册的书的阅读。

整册的书，应读哪几种？怎样规定范围？这是一个麻烦的问题。我以为中学生的读书的范围，可分下列的几种。

（1）因选文而旁及的。如因读《桃花源记》而去读《陶集》，读《无何有乡见闻记》（威廉·马列斯

❶ 关联：原书为"关连"。后同。

著）；因读司马谈的《论六家要旨》❶而去读《论语》《老子》❷《韩非子》❸《墨子》❹等等。

（2）中国普通人该知道的。如"四书""四史""五经"，周秦诸子，著名的唐人的诗，宋人的词，元人的曲，著名的旧小说，时下的名作。

（3）全世界所认为常识的。如基督教的《旧约》《新约》，希腊的神话，各国近代代表的文艺名作。

不消说，上列的许多书，要一一全体阅读，在中学生是不可能的。但无论如何要当作课外读物尽量加以涉猎，有的竟须全阅或精读。举例来说，"四书"须全体阅读，"诸子"则可选择读几篇，诗与词可读前人选本，《旧约》可选读《创世记》《约伯记》《雅歌》《箴言》诸篇，《新约》可就《四福音》中择一阅读。无论全读或略读，一书到手，最好先读序，次看目录，了解该书的组织，知道有若干篇，若干卷，若干分目，然后再去翻阅全书，明白其大概的体式，择要读去。例如读《春秋》❺《左传》，先须知道什么叫经，什么叫传，从什么公起到什么公止。读《史记》，先须知道本纪、世家、列传、书、表等等的体式。

近来有一种坏风气，大家读书不喜欢努力于基本的学修，而好做空泛功夫。普通的学生案头有胡适的

❶ 司马谈（？－前110）：西汉历史学家，司马迁之父，在汉武帝时曾任太史令。《论六家之要指》：司马谈评论先秦和当时各派学说的著作。

❷《老子》：传说是春秋时期的老子（即李耳）所撰写，是道家哲学思想的重要来源。

❸《韩非子》：战国时法家思想的代表人物韩非主要著作的辑录。文章风格严峻峭刻，干脆犀利，里面保存了丰富的寓言故事，在先秦诸子散文中独树一帜。

❹《墨子》：记载战国墨家学派代表人物墨翟的言论和墨家学派思想资料的总集，倡导兼爱、非攻、节用、节葬等主张。

❺《春秋》：鲁国的编年史，据传是由孔子修订的。

《中国哲学史大纲》《白话文学史》，顾颉刚[1] 的《古史辨》，有《欧洲文学史》，有《印度哲学概论》。问他读过"四书""五经"、周秦诸子的书吗？不曾。问他读过若干唐宋人的诗词集子吗？不曾。问他读过古代历史吗？不曾。问他读过各派代表的若干小说吗？不曾。问他读过欧洲文艺中重要的若干作品吗？不曾。问他读过若干小乘大乘的经典吗？不曾。这种空泛的读书法，觉得大有纠正的必要。例如胡适的《中国哲学史大纲》原是好书，但在未读过《论语》《孟子》《老子》《庄子》《墨子》等原书的人去读，实在不能得很大的利益。知道了《春秋》《左传》《论语》等原书的大概轮廓，然后去读《哲学史》中的关于孔子的一部分，读过几篇《庄子》，然后再去翻阅《哲学史》中关于庄子的一部分，才会有意义，才会有真利益。先得了孔子、庄子思想的基本的概念，再去讨求关于孔子、庄子思想的评释，才是顺路。用譬喻说，《论语》《春秋》《诗经》《礼记》[2] 是一堆有孔的小钱，《哲学史》的孔子一节是把这些小钱贯串起来的钱索子，《庄子》中《逍遥游》《大宗师》等一篇一篇的文字也是小钱，《哲学史》中庄子一节是钱索子。没有钱索子，不能把一个一个的零乱的小钱加以贯串整理，固然不愉快，但

[1] 顾颉刚（1893—1980）：著名历史学家、民俗学家，编著有《古史辨》《汉代学术史略》《尚书通检》《史林杂识初编》《中国上古史研究讲义》等。

[2] 《礼记》：中国古代一部重要的典章制度书籍，儒家经典著作之一。该书相传是西汉戴圣将秦汉以前各种礼仪著作加以辑录、编纂而成，共49篇。

只有了一根钱索子，而没有许多可贯串的小钱，究竟也觉无谓。我敢奉劝大家，先读些中国关于哲学的原书，再去读哲学史；先读些《诗经》及汉以下的诗集词集，再去读文学史；先读些古代历史书籍，再去读《古史辨》❶，万一必不得已，也应一壁读哲学史、文学史，一壁翻原书，以求知识的充实。钱索子原是用以串零零碎碎的小钱的，如果你有了钱索子而没有可串的许多小钱，那么你该反其道而行之，去找寻许多小钱来串才是。

话不觉说得太絮叨了。关于阅读的范围，就此结束。以下试讲一般的阅读方法。

第一是理解。理解又可分两方面来说。（1）关于辞句的；（2）关于全文的。关于辞句的理解，不外乎从辞义的解释入手，次之是文法知识的运用。辞义的解释如不正确，不但读不通眼前的文字，结果还会于写作时露出毛病。因为我们在阅读时收得的辞义，不彻底明白，写作时就不知不觉地施用，闹出笑话来（笑话的构成有种种条件，而辞义的误用是重要条件之一）。文字不通的原因，非文法不合即用辞与意思不符之故。"名教""概念""观念""幽默"等类名词❷的误用，是常可在青年所写的文字中见到的，这就可证

❶《古史辨》：1926至1941年间编辑出版的研究、考辨中国古代史的论文集，共七册。是"古史辨派"研究成果的汇集。该书体现了20世纪20年代初在中国史学界崛起的"古史辨派"的疑古辨伪的精神，展示了"古史辨派"用中西结合的"历史演进的方法"，在古史研究中作出的成绩，是中国史学史上一部有影响的著作。

❷ 词：原书为"辞"。后同。

明他们当把这些名词装入脑中去的时候，并未得到正当的解释。每逢见到新词新语，务须求得正解，多翻字典、多问师友，切不可任其含糊。辞义的解释正确了，逐句的文句已可通解了，那么就可说能理解全文了吗？尚未。文字的理解，最要紧的是捕捉大意或要旨，否则逐句虽已理解，对于全文仍难免有不得要领之弊。一篇文字，全体必有一个中心思想，每节每段也必有一个要旨。文字虽有几千字或几万字，其中全文中心思想与每节、每段的要旨，却是可以用一句话或几个字来包括的。阅读的人如不能抽出这潜藏在文字背后的真意，只就每句的文字表面支离求解，结果每句是懂了，而全文的真意所在仍是茫然。本稿字数有限，冗长的文例是无法举的，为使大家便于了解着想，略举一二部分的短例如下：

> 当此之时，天下之大，万民之众，王侯之威，谋臣之权，皆欲决于苏秦之策；不费斗粮，未烦一兵，未战一士，未绝一弦，未折一矢，诸侯相亲，贤于兄弟。
>
> ——《战国策》❶

"天下之大"以下同形式数句，只是"全世"之意；从"不"字句起至一连数句"未"什么，只是

❶《战国策》：一部国别体史书，主要记述了战国时期的纵横家的政治主张和策略，展示了战国时代的历史特点和社会风貌，是研究战国历史的重要典籍。西汉末刘向编定为33篇，书名亦为刘向所拟定。

"不战"二字之意而已。

> 外物不可必，故龙逢诛，比干戮，箕子狂，恶
> 来死，桀纣亡。人主莫不欲其臣之忠，而忠未必
> 信；故伍员流于江，苌弘死于蜀，藏其血，三年而
> 化为碧。人亲莫不欲其子之孝，而孝未必爱；故孝
> 己忧而曾参悲。
>
> ——《庄子·外物篇》❶

❶《庄子·外物篇》：即《庄子·杂篇·外物》，"外物"是篇首的两个字，用来作为篇名。"外物"，顾名思义即身外之物，是你所不能控制的客观事物。整篇《外物》里探讨的是理想与现实的差距。

这段文字，要旨只是第一句"外物不可必"五字，其余只是敷衍这五字的例证。

> ……大家来至秦氏卧房。刚至房中，便有一
> 股细细的甜香。宝玉此时便觉得眼饧骨软，连说好
> 香。入房向壁上看时，有唐伯虎画的《海棠春睡
> 图》，两边有宋学士秦太虚写的一副对联："嫩寒锁
> 梦因春冷，芳气袭人是酒香。"案上设着武则天当
> 日镜室中设的宝镜，一边摆着赵飞燕立着舞的金
> 盘，盘内盛着安禄山掷过伤了太真乳的木瓜，上面
> 设着寿阳公主于含章殿下卧的宝榻，悬的是同昌公
> 主制的连珠帐。……
>
> ——《红楼梦》第五回

把房中陈设写得如此天花乱坠，作者的本意，只是想表出贾家的富丽与秦氏的轻艳而已。

对于一篇文字，用了这样概括的方法，逐步读去，必能求得各节、各段的要旨，及全文的真意所在，把

长长的文字归纳于简单的一个概念之中，记忆既易，装在脑子里也可免了乱杂。用譬喻❶来说，长长的文字，好比一大碗有颜色的水，我们想收得其中的颜色，最好能使之凝积成一小小的颜色块，弃去清水，把小小的颜色块带在身边走。

理解以外，还有所谓鉴赏的一种重要功夫须做，对于某篇文字要了解其中的各句、各段及其全文旨趣所在，这是属于理解的事。想知道其每句、每段或全文的好处所在，这是属于鉴赏的事。阅读了好文字，如果只能理解其意义，而不能知道其好处，犹如对了一幅名画，只辨识了些其中画着的人物或椅子、树木等等，而不去领略那全幅画的美点一样。何等可惜！

鉴赏因了人的程度而不同，诸君于第一年级读过的好文字，到第二年级再读时，会感到有不同的处所，到毕业后再读，就会更觉不同了。从前的所谓好处，到后来有的会觉得并不好，此外别有好的处所，有的或竟更觉得比前可爱。我幼年读唐诗时，曾把好的句加圈。近来偶然拿出旧书来看，就不禁自笑幼稚，发现有许多不对的地方，有好句子而不圈的，有句子并不甚好而圈着的。这种经验，我想一定人人都有，不但对于文字如此，对于书法、绘画，乃至对于整个的

❶ 譬喻：比喻，打比方。

人生都如此的。

　　鉴赏的能力既因人而异，也因时而异。关于鉴赏，要想说出一个方法来，原是很不容易的事。姑且把我的经验与所见约略写出一二，以供读者诸君参考。

　　据我的经验，鉴赏的第一条件，是把"我"放入所鉴赏的对象中去，两相比较。一壁读，一壁自问："如果叫我来说，将怎样？"对于文字全体的布局，这样问；对于各句或句与句的关系，这样问；对于每句的字，也这样问。经这样一问，可生出三种不同的答案来：

　　（甲）与我的说法相合或差不多，我也能说。觉得并没有什么。

　　（乙）我心中早有此意见或感想，可是说不出来，现在却由作者替我代为说出了。觉到一种快悦。

❶ 出自《周易·系辞上》。

　　（丙）说法和我全不同，觉得格格不相入。

　　三种之中属于（甲）的，是平常的文字（在读者看来）；属于（乙）的，是好文字。属于（丙）的怎样？是否一定是不好的文字？不然。如前所说，鉴赏因人而不同，因时而不同，所鉴赏的文字与鉴赏者的程度如果相差太远，鉴赏的作用就无从成立。"仁者见仁，智者见智"❶，"英雄识英雄"，是相当可信的话。

诸君遇到属于（丙）类的文字时，如果这文字是平常的作品，能确认出错误的处所来，那么直斥之为坏的不好的文字，原无不可。倘然那文字是有定评的名作，那就应该虚心反省，把自己未能同意的事，暂认为能力尚未到此境地，益自奋励。这不但文字如此，书法、绘画，无一不然。康有为、沈寐叟❶的书法是有定评的，可是在市侩却以为不如汪洵❷的好；最近西洋立体派、未来派的画，在乡下土佬看来，当然不及曼陀❸、丁悚❹的月份牌仕女画❺来得悦目。

鉴赏的第二要件是冷静。鉴赏有时称"玩赏"，诸君在厅堂上挂着的画幅上，他人手中有书画的扇面上，不是常有见到某某先生"清玩"或"雅鉴""清赏"等类的字样吗？"玩"和"鉴"与"赏"有关。这"玩"字大有意味。普通所谓"玩"者，差不多含有游戏的态度，就是"无所为而为"，除了这事的本身以外，别无其他目的的意味。读小说时，如果急急要想知道全体的梗概，热心地"未知以后如何，且看下回分解"地急忙读去，虽有好文字，恐也无从玩味，看不出来，第二次、第三次再读，就不同了。因为这时对于全书梗概已经了然，不必再着急，文字的好歹也因而容易看出。将我自己的经验当作例子来说，《红楼梦》第三

❶ 沈寐叟（1850-1922）：晚清学者，著有《补读书斋遗稿》十卷。

❷ 汪洵（？-1915）：光绪十八年（1892）进士，授编修。书法摹颜真卿，得其神骨，又参以他帖而变化之，功力甚深。

❸ 曼陀：即郁华（1884-1939）：民国时期曾任最高法院东北分院刑庭庭长。工诗擅画，倡导"文章气节"。著有《静远堂诗画集》《郁曼陀陈碧岑诗抄》等。

❹ 丁悚（1891-1972）：字慕琴，民国画家，"大中虎社"社员。

❺ 在20世纪的20-40年代，在上海产生了一种新型的年画，因其画面附有年月历表而得名为"月份牌年画"。

回中黛玉初到贾府与宝玉第一次见面时，写道：

> 宝玉看毕笑道："这个妹妹我曾见过的。"贾母
> 笑道："可又是胡说，你何曾见过她。"宝玉笑道：
> "虽然未曾见过她，然看着面善，心里倒像是旧相
> 识，恍若远别重逢一般。"

我很赞赏这段文字。因为这一对男女主人公，过去在三生石上赤霞宫中有着那样长久的历史，以后还有许多纠葛，在初会见时，做宝玉的恐怕除了这样说，别无更好的说法的了，故可算得是好文字。可是我对于这几句文字的好处，直到读了数遍以后才发现。（《红楼梦》我曾读过十次以上。）这是玩味的结果，并不是初读时就知道的。

好的作品至少要读二遍以上。最初读时不妨以收得梗概、了解大意为主眼，再读时就须留心鉴赏了。用了"玩"的心情，冷静地去对付作品，不可再囫囵吞咽，要仔细咀嚼。诗要反复地吟，词要低徊地诵，文要周回地默读，小说要耐心地细看！

把前人鉴赏的结果拿来做参考，足以发达鉴赏力。读词、读诗不感到兴趣的，不妨去择一部诗话或词话读读；读小说不感到兴趣的，不妨去一阅有人批过的本子。诗话、词话、文评、小说评，是前人鉴赏的记

*　最初读时不妨以收得梗概、了解大意为主眼，再读时就须留心鉴赏了。

录，能教示我们以诗词文或小说的好处所在，足为鉴
赏上的指导。举例来说：《水浒》中写潘金莲调戏武松
的一节，自"叔叔万福"起，至"叔叔不会簇火，我
与叔叔拨火，要似火盆常热便好"，一直数十句谈话都
称"叔叔"，下文接着写道："那妇人……便放了火箸，
却筛一盏酒来自呷了一口，剩了大半盏看着武松道：
'你若有心吃了这半盏儿残酒。'"金圣叹在这下面批
着，"写淫妇便是活淫妇"，"以上凡叫过三十九个'叔
叔'，忽然换一个'你'字，妙心妙笔"。

这"叔叔"与"你"的突然的变化，其妙处在普
通的读者也许不易领会，或者竟不能领会，但一经圣
叹点出，就容易知道了。

但须注意，前人的诗话、词话、文评、小说评，
是前人鉴赏的结果。用以帮助自己的鉴赏能力则可，
自己须由此出发，更用了自己的眼识去鉴赏，切不可
为所拘执。前人的鉴赏法有好的也有坏的。特别是文
评，从来以八股的眼光来评文的甚多，什么"起承转
合"，什么"来龙去脉"，诸如此类，从今日看去实属
可哂，用不着再去蹈袭❶了。

❶ 蹈袭：因循；沿袭。

56

（四）关于写作

从古以来，关于作文不知已有过多少的金言玉律。什么"推敲"咧，"多读、多作、多商量"咧，"文以达意为功"咧，"文必己出"咧，诸如此类的话，不遑枚举❷，在我看来，似乎都只是大同小异的东西，举一可概其余的。例如"推敲"与"商量"固然差不多，再按之，不"多读"，则识辞不多，积理不丰，也就无从"商量"，无从"推敲"，因而也就无从"多作"了。因为"作"不是叫你随便地把"且夫天下之人"瞎写几张，乃是要作的。至于"达意"，仍是一句老话头，惟其与"意"尚未相吻合，尚未适切，故有"推敲""商量"的必要，"推敲""商量"的目的，无非就在"达意"而已。至于"文必己出"亦然。要达的是"己"的意，不是他人的意，自己的意要想把它达出，当然只好"己出"，不能"他出"，又因要想真个把"己"达出，"推敲""商量"的功夫就不可少了。此外如"修辞立其诚"❸咧，"文贵自然"❹咧，也都可做同样的解释，只是字面上的不同罢了。佛法中有"一即一切""一切即一"的话，我觉得从古以来古人所遗留下来的文章诀窍亦如此。

❶ 不遑枚举：犹不胜枚举。出自梁启超《噶苏士传》第四节："凡一切开民智增公益之事，无不尽力，设民会以通声气，立高等学校以养人材……凡兹文明之事业，不遑枚举。"

❷ 写文章应表现出作者的真实意图，不可作虚饰浮文。诚，真心实意。出自《周易·乾》："修辞立其诚，所以居业也。"

❸ 最早提出"文贵自然"文论主张的是东汉文学评论家王充。他在散文评论集《论衡》中针砭时弊，主张写文章要敢于说真话，强调自主意识，同时文字的表达要通俗浅显。"文贵自然"大意有两点：一是语言上要平实简明，注重文字的提炼，切忌堆砌一些华而不实的辞藻；二是写文章要有感而发，语言中包含真实丰富的情感，不能无病呻吟。

我曾在本稿开始时声明，我所能说的只是老生常谈。关于写作，我所能说的更是老生常谈中之老生常谈。以下我将从许多老生常谈中选出若干适合于中学生诸君的条件，加以演述。

关于写作，第一可发生的问题是"写作些什么"，第二是"怎样写作"。

现在先谈"写作些什么"。

先来介绍一个笑话：从前有一个秀才，有一天伏在案头作文章，因为作不出，皱起了眉头，唉声叹气，样子很苦痛。他的妻在旁嘲笑了说："看你作文章的样子，比我们女人生产还苦呢！"秀才答道："这当然！你们女人的生产是肚子里先有东西的，还不算苦。我的作文章，是要从空的肚子里叫它生产出来，那才真是苦啊！"真的，文章原是发表自己的思想感情的东西，要有思想感情，才能写得出来，那秀才肚子里根本空空的没有货色，却要硬作文章，当然比女人生产要苦了。

照理，无论是谁，只要不是白痴，肚子里必有思想感情，决不会是全然空虚的。从前正式的文章是八股文❶，八股文须代圣人立言，《论语》中的题目，须用孔子的口气来说，《孟子》中的题目，须用孟子的口

❶ 八股文：也称"时文""八比文""四书文"，是中国明、清两朝考试制度所规定的一种特殊文体。八股文专讲形式，内容空泛，文章的每个段落死守在固定的格式里面，连字数都有一定的限制，人们只是按照题目的字义成文。

气来说，那秀才因为对于孔子、孟子的化装，未曾熟习，肚子里虽也许装满着目前的"想中举人"咧，"点翰林"咧，"要给妻买香粉"咧，以及关于柴米油盐等琐屑的思想感情，但都不是孔子、孟子所该说的，一律不能入文，思想感情虽有而等于无，故有作不出文章的苦痛。我们生当现在，已不必再受此种束缚，肚子里有什么思想感情，尽可自由发挥，写成文字。并且文字的形式也不必如从前的要有定律，日记好算文章，随笔也好算文章。作诗不必限字数，讲对仗，也不必一定用韵，长短自由，题目随意。一切和从前相较，算是自由已极的了。

那么凡是思想感情，一经表出，就可成为文章了吗？这却也没有那么简单。当我们有疾病的时候，"我恐这病不轻"是一种思想的发露，但写了出来，不好就算是文章。"苦啊！"是一种感情的表示，但写了出来，也不好算是文章。文章的内容是思想感情，所谓思想感情，不是单独的，是由若干思想或感情复合而成的东西。"交朋友要小心"不是文章，以此为中心，把"所以要小心""怎样小心法""古来某人曾怎样交友"等等的思想组织地系统地写出，使它成了某种有规模的东西，才是文章。"今天真快活"，不是文章，

★ 作诗不必限字数，讲对仗，也不必一定用韵，长短自由，题目随意。

59

把"所以快活的事由","那事件的状况"等等记出，写成一封给朋友看的书信或一则自己看的日记，才是文章。

★ 实用的文章为处置日常的实际生活而说，通常只把意思（思想感情）老实简单地记出，就可以了。

文章普通有两种体式，一是实用的，一是趣味的。实用的文章为处置日常的实际生活而说，通常只把意思（思想感情）老实简单地记出，就可以了。诸君于年假将到时，用明信片通知家里，说校中几时放假，届时叫人来挑铺盖行李咧，在拍纸簿上写一张向朋友借书的条子咧，以及汇钱若干叫书店寄书册的信咧，拟校友会或寄宿舍小团体的规约咧，都是实用文。至于趣味的文章，是并无生活上的必要的，至少可以说是与个人眼前的生活关系不大，如果懒惰些，不作也没有什么不可。诸君平日在国文课堂上所受到的或自己想作的文章题目，如"同乐会记事"咧，"一个感情"咧，"文学与人生"咧，"悼某君之死"咧，"个人与社会"咧，小说咧，戏剧咧，新诗咧，都属于这一类。这类文章和个人实际生活关系很远，世间尽有不作这类文章，每日只写几张似通非通的便条子或实务信，安闲地生活着的人们。在中国的工商社会中，大部分的人就都如此。这类文章，用了浅薄的眼光从实际生活上看来，关系原甚少，但一般的所谓正式的文章，大都属在这一类里。我们现今所想学习的（虽然也包括实用文）也是这一类。这是什么缘故呢？原来人有爱美心与发表欲，迫于实用的时候，固然不得已地要利用文字来写出表意，即明知其对于实用无关，也想把其五官所接触的，心所感触的写出来示人，不能自已。这种欲望是一切艺术的根源，应该加以重视。学校中的作文课，就是为使青年满足这欲望，发达这欲望而设的。

话又说远去了，那么究竟写作些什么呢？实用的文章内容是有一定的，借书只是借书，约会只是约会，只要把意思直接❶、简单地写出，无文法上的错误，不写别字，合乎一定的格式就够了，似乎无须多说。以下试就一般的文章来谈"写作些什么"。

秀才从空肚子里产出文章，难于女人产小孩；诸君生在现代，不必抛了现在自己的思想感情，去代圣人立言，肚子决无空虚的道理。"花的开落""月的圆缺""父母的爱""家庭的悲欢""朋友的交际"，都在诸君经验范围之内，"国内的纷争""生活的方向""社会的趋势""物价的高下""风俗的变更"，又为诸君观想所系。材料既无所不有，教师在作文课中常替诸君规定题目，叫诸君就题发挥，限定写一件什么事或谈

❶ 直接：原书为"直截"。后同。

61

一件什么理。这样说来，"写作些什么"在现在的学生似乎是不成问题了的。可是事实却不然。所谓写作，在某种意味上说，真等于母亲生产小孩。我们肚里虽有许多的思想感情，如果那思想感情未曾成熟，犹之胎儿发育未全，即使勉强生了下来，也是不完全的无生命的东西。文章的题目不论由于教师命题，或由于自己的感触，要之只不过是基本的胚种，我们要把这胚种多方培育，使之发达，或从经验中收得肥料，或从书册上吸取阳光，或从朋友谈话中供给水分，行住坐卧都关心于胚种的完成。如果是记事文，应把那要记的事物从各方面详加观察。如果是叙事文，应把那要叙的事件的经过逐一考查。如果是议论文，应寻出确切的理由，再从各方面引了例证，加以证明，使所立的断案坚牢不倒。归结一句话，对于题目，客观地须有确实丰富的知识（记叙文），主观地须有自己的见解与感触（议论文、感想文）。把这些知识或见解与感触打成一片，结为一团，这就是"写作些什么"问题中的"什么"了。

　　有了某种意见或欲望，觉得非写出来给人看不可，于是写成一篇文章，再对于这文章附加一个题目上去。这是正当的顺序。至于命题作文，是先有题目后找文

★ 所谓写作，在某种意味上说，真等于母亲生产小孩。

章，照自然的顺序说来，原不甚妥当。但为防止抄袭计，为叫人练习某一定体式的文字计，命题却是一种好方法。近来学校教育上大多数也仍把这方法沿用着，凡正课的作文，大概由教师命题，叫学生写作。这种方式对于诸君也许有多少不自由的处所，但善用之，也有许多利益可得。（1）因了教师的命题，可学得捕捉文章题材的方法，（2）可学得敏捷搜集关系材料的本领，（3）可周遍地养成各种文体的写作能力。写作是一种郁积的发泄，犹之爆竹的遇火爆发。教师所命的题目，只是一条药线，如果诸君是平日储备着火药的，遇到火就会爆发起来，感到一种郁积发泄的愉快，若自己平日不随处留意，临时又懒去搜集，火药一无所有，那么，遇到题目，只能就题目随便勉强敷衍几句，犹之不会爆发的空爆竹，虽用火点着了药线，只是"刺"地一声，把药线烧毕就完了。"写作些什么"的"什么"，无论自由写作或命题写作，只靠临时搜集，是不够的。最好是预先多方注意，从读过的书里，从见到的世相里，从自己的体验里，从朋友的谈话里，广事吸收。或把它零零碎碎地记入笔记册中，以免遗忘，或把它分了类各各装入头脑里，以便触类记及。

　　再谈"怎样写作"。

★ 写作是一种郁积的发泄，犹之爆竹的遇火爆发。

关于写作的方法，我在这里不想对诸君多说别的，只想举出很简单的两个标准：（1）曰明了，（2）曰适当。写作文章目的，在将自己的思想感情传给他人。如果他人不易从我的文章上看取我的真意所在，或看取了而要误解，那就是我的失败。要想使人易解，故宜明了；为防人误解，故宜适当。我在前面曾说过：自古以来的文章诀窍，虽说法各各不同，其实只是同一的东西。这里所举的"明了"与"适当"，也只是一种的意义，因为不"明了"就不能"适当"，既"适当"就自然"明了"的。为说明上的便利计，姑且把它分开来说。

明了宜从两方面求之：（1）文句形式上的明了，（2）内容意义上的明了。

文句形式上的明了，就是寻常的所谓"通"。欲求文句形式上的明了，第一须注意的是句的构造和句与句间的接合呼应。句的构造如不合法，那一句就不明了；句与句间的接合呼应如不完密，就各句独立了看，或许意义可通，但连起来看去，仍然令人莫名其妙。这样的例子，举不胜举。例如：

> 发展这些文化的民族，当然不可指定就是一个民族的成绩，既不可说都是华族的创造，也不可说

★ 欲求文句形式上的明了，第一须注意的是句的构造和句与句间的接合呼应。

其他民族毫不知进步。

这是某书局出版的初中教本《本国历史》中的文字，首句的"民族"与次句的"成绩"前后失了照应，"不可说"的"可"字也有毛病。又该书于叙述黄帝与蚩尤❶的战争以后，写道：

> 这种经过，虽未必全可信，如蚩尤的能用铜器，似乎非这时所知。不过，当时必有这样战争的事实：始为古人所惊异而传演下来，况且在农业初期人口发展以后，这种冲突，也是应有的现象。

这也是在句子上及句与句间的接合上有毛病的文字。试再举一例：

> 我们应当知道，教育这件事，不单指学校课本而言，此外更有所谓参考和其他课外读物。而且丰富和活的生命大概是后者而不是前者所产生的。

这是某会新近发表的《读书运动特刊》中《读书会宣言》里的文字。似乎辞句上也含着许多毛病。上二例的毛病在哪里呢？本稿篇幅有限，为避麻烦计，恕不一一指出，诸君可自己寻求，或去请问教师。

初中的《历史教本》会不通，《读书会宣言》会不通，不能不说是"奇谈"了，可是事实竟这样！足见通字的难讲，一不小心，就会不通的。我敢奉劝诸

❶ 蚩尤：传说中的古代九黎族首领。以金属（铜）作兵器，与黄帝战于涿鹿，失败被杀。

君，从初年级就把简单的文法（或语法）学习一过。对于辞性的识别及句的构造法，具备一种概略的知识。万一教师在正课中不授文法，也得在课外自己学习。

句的构造与句与句间的接合呼应，如果不明了了，就要不通。明了还有第二方面，就是内容意义上的明了。句的构造合法了，句与句间的接合呼应适当了，如果那文字可做两种的解释（普通称为歧义），或用辞与其所想表示的意义不确切，则形式上虽已完整，但仍不能算是明了。

> 无美学的知识的人，怎能做细密的绘画的批评呢？

这是有歧义的一例。"细密的绘画"的批评呢，还是细密的"绘画的批评"？殊不确定。

> 用辅导方法，使初级中学学生自己获得门径，鉴赏书籍，踏实治学。（读"文"，作"文"，"体察人间"）

这是某书局《初中国文教本编辑要旨》中的一条可以作为用辞与其所想表示的意义不确切的例子。"鉴赏书籍"，这话看去好像收藏家在玩赏宋版书与明版书，或装订做主人在批评封面制本上的格式哩。我想作者的本意必不如此。这就是所谓用辞不确切了。"踏实治学"一句,"踏实"很费解,说"治学",陈义殊嫌太高。此外如"体察人间"的"人间"一语,似乎也有可商量的余地。

内容意义的不明了,由于文辞有歧义与用辞不确切。前者可由文法知识来救济,至于后者,则须别从各方面留心。用辞确切,是一件至难之事。自来各文家都曾于此煞费苦心。诸君如要想用辞确切,积极的方法是多认识辞,对于各辞具有敏感,在许多类似的辞中,能辨知何者范围较大,何者较小,何者最狭,何者程度最强,何者较弱,何者最弱。消极的方法,是不在文中使用自己尚未十分明知其意义的辞。想使用某一辞的时候,如自觉有可疑之处,先检查字典,到彻底明白然后用入。否则含混用去,必有露出破绽来的时候的。

★ 内容意义的不明了,由于文辞有歧义与用辞不确切。

以上所说是关于明了一方面的,以下再谈到适当。明了是形式上与部分上的条件,适当是全体上、态度上的条件。

我们写作文字,当然先有读者存在的预想的,所谓好的文字就是使读者容易领略、感动,乐于阅读的文字。诸君当执笔为文的时候,第一,不要忘记有读者;第二,须努力以求适合读者的心情,要使读者在你的文字中得到兴趣或快悦，不要使读者得着厌倦。

文字既应以读者为对象，首先须顾虑的是：（1）读者的性质，（2）作者与读者的关系，（3）写作这文的动机等等。对本地人应该用本地话来说，对父兄应自处子弟的地位。如写作的动机是为了实用，那么用不着无谓的修饰，如果要想用文字煽动读者，则当设法加入种种使人兴奋的手段。文字的好与坏，第一步虽当注意于造句用辞，求其明了；第二步还须进而求全体的适当。对人适当，对时适当，对地适当，对目的适当。一不适当，就有毛病。关于此，日本文章学家五十岚力氏有"六W说"，所谓六W者：

（1）为什么作这文？（Why）

（2）在这文中所要述的是什么？（What）

（3）谁在作这文？（Who）

（4）在什么地方作这文？（Where）

（5）在什么时候作这文？（When）

（6）怎样作这文？（How）

归结起来说，就是："谁对了谁，为了什么，在什么地方，什么时候，用了什么方法，讲什么话。"

诸君作文时，最好就了这六项逐一自己审究。所谓适当的文字，就只是合乎这六项答案的文字而已。

★ 归结起来说，就是："谁对了谁，为了什么，在什么地方，什么时候，用了什么方法，讲什么话。"

我曾取了五十岚力氏的意思作过一篇《作文的基本的态度》，附录在《文章作法》（开明书店出版）里，请诸君就以参考。这里不详述了。

本稿已超过预定的字数，我的老生常谈也已絮絮叨叨地说得连自己都要不耐烦了。请读者再忍耐一下，让我附加几句最重要的话，来把本稿结束吧。

文字的学习，虽当求之于文字的法则（上面的所谓明了，所谓适当，都是法则），但这只是极粗浅的功夫而已。要合乎法则的文字，才可以免除疵病。这犹之书法中的所谓横平竖直，还不过是第一步。进一步的，真的文字学习，须从为人着手。"文如其人❶"，文字毕竟是一种人格的表现，冷刻的文字，不是浮热的性质的人所能模效的，要作细密的文字，先须具备细密的性格。不去从培养本身的知识情感意志着想，一味想从文字上去学习文字，这是一般青年的误解。我愿诸君于学得了文字的法则以后，暂且抛了文字，多去读书，多去体验，努力于自己的修养，勿仅仅拘执了文字，在文字上用浅薄的功夫。

原载《中学生》第十一期（1931 年 1 月）。

❶ 文如其人：指文章的风格同作者的性格特点相似；现也指文章必然反映作者的思想、立场和世界观。出自宋代苏轼《答张文潜书》："其为人深不愿人知之，其文如其为人。"

❶ 之乎者也：古汉语的文言助词，在南方方言中依然沿用，只是因为汉字和古汉音的脱离，一般不再用本字记录，而是用诸如"切、滴、的、噶、咯、啥、哈、呀、耶"这些现代普通话注音的汉字来标注；或者用现代的"这个""那个""是"……的东西"来代替"者"的语法提示词功能。

❷ 蓝青官话：方言地区的人说的普通话，夹杂着方音，旧时称为蓝青官话。蓝青，比喻不纯粹。

❸ 劳什子：北方方言，泛指一般事物。含轻蔑或厌恶意。在口语中音节省略为 loksi，此词在《红楼梦》中出现多次。

五　先使白话文成话

"五四"以来的白话文，因为提倡者都是些本来惯写文言文的人们，他们都是知识阶级，所写的文字又都是关于思想学术的，和大众根本就未曾有过关系，名叫白话文，其实只是把原来的"之乎者也"❶换了"的了吗呢"，硬装入蓝青官话❷的腔调的东西罢了。凡事先入为主，白话文创造不久就造成了那么的一个腔壳，到今日还停滞在这腔壳里。当时提倡白话文的人们有一句标语叫"明白如话"。真的，只是"如话"而已，还不到"就是话"的程度。换句话说，白话文竟是"不成话"的劳什子❸。

白话文最大的缺点就是语汇的贫乏。古文有古文的语汇，方言有方言的语汇，白话文既非古文，又不是方言，只是一种蓝青官话。从来古文中所用的辞类大半被删去了，各地方言中特有的辞类也完全被淘汰了，结果，所留存的只是彼此通用的若干辞类。于是写小说时一不小心，农妇也高喊"革命"，婢女也满嘴"恋爱"了。编成戏曲的说白可以使台下人听了莫名其妙。

举一例说，现在白话文里所用的"父亲""母亲"二语，就很可笑。实际上我们大家都叫"爸爸"，叫"爷"，叫"爹"，叫"娘"，叫"妈"，或叫"姆妈"，决不叫"父亲""母亲"的。可是白话文里却要用"父亲""母亲"的称呼，甚至于连给六七岁小孩读的初小教科书里，也用"父亲""母亲"字样。"爷娘妻子走相送"，唐人诗中已叫"爷娘"了，我们现在倒叫起"父亲""母亲"来，这不是怪事吗？

要改进白话文，要使白话文与大众发生交涉，第一步先要使它成话。

现在的白话文，简直太不成话了，用词应尽量采取大众所使用的话语，在可能的范围以内尽量吸收方言。凡是大众使用着的话语，不论是方言或是新造语，都自有它的特别情味，往往不能用别的近似语来代替。

★ 要改进白话文，要使白话文与大众发生交涉，第一步先要使它成话。

71

① 揩油：比喻占别人或公家的便宜，也作揩油水。

② 煞有介事：指装模作样，好像真有那么一回事似的。多指大模大样，好像很了不起的样子。

③ 喁（yú）喁：(1) 随声附和；(2) 形容说话的声音（多用于小声说话）。

例如："揩油①"在上海一带已成为大众使用的话语，自有它的特别的情味，我们如果嫌它土俗，用"作弊""舞弊"等话来张冠李戴，就隔膜了。方言只要有人使用，地方性就会减少。如"像煞有介事②"一语，因使用的人多，已有普遍性了。此后的辞典里，应一方面删除古来的死语，一方面多搜列方言。

放弃现成的大众使用着的话语不用，故意要用近似的语言来翻译一次，再写入文中去，这就是从前文言文的毛病。白话文对于这点虽然痛改，可惜还没有改革得彻底，结果所表达的情意还不十分亲切有味。我有一个朋友，未曾讨老婆，别人给他做媒的时候，他总要问："那女子是否同乡人？"他不愿和外省的女子结婚。理由是：如果老婆不是同乡人，家庭情话彼此都须用蓝青官话来对付，趣味是很少的。这话很妙。现在的白话文，作者与读书间等于一对方言不通的情侣，彼此用了蓝青官话来做喁喁③的情话，多隔膜，多难耐啊！

刊《文言、白话、大众语论战集》（1934 年 9 月）。

六　双字词语的构成方式

我国文字是一个个的方块字，词与语都用这方块字来做。每个词语的字数不等，最少的是一个字，多的在双字以上，其中以双字的为最多，尤其在近代是这样。现今的言语文章之中，凡是古人用一字来表达的词语，大都改成双字，如"朋"与"友"在古代是单独使用的，今则做"朋友"或"友人"了。"道"的一字古人有时用以表"理"，有时用以表"路"，有时用以表"法术"，有时用以表"称说"，今则分别说做"道理""道路""道术""称道"了。不但如此，甚至本来是字数很多的词语，便利上也都把它任意割截缩成双字来说。如"台湾胞"叫"台胞""中央宣

★ 现今的言语文章之中，凡是古人用一字来表达的词语，大都改成双字。

73

传部"叫"中宣""中国共产党"叫"中共""国际联盟"叫"国联"之类都是。双字词语可以说是造句的基本材料，于词汇中占有很大的地位，在语文学上是值得研究的一个方面。本文所想讲的只是其结构的式样。

甲　本来双字的

有些词语，本来就是双字，不能分析解剖的，其中有下列几种：

（1）外来语　如：琵琶　秋千　喇叭　玻璃
（2）方　言　如：阿堵　宁馨　劳什　於菟❶
（3）连绵字　如：绸缪　盘桓　徜徉　栗六
（4）拟　音　如：欸乃　丁东　隆隆　劈拍
（5）感　叹　如：呜呼　夥颐❷　啊唷　呵呵

这类的双字词语都是声音的直写，在字的本身别无意义可寻，故用字也可不必一致，如"秋千"可写作"鞦韆"，"盘桓"可写作"徘徊""裵裏"，"丁东"可写作"丁冬"，"呜呼"可写作"於戏""乌虖"。

❶ 於菟（wū tú）：古词，早在《左传·宣公四年》中记载：楚人为乳谷，谓虎於菟。《辞海》："於菟，虎的别称"。《辞源》中解释：今湖北省云梦县址古称於菟。

❷ 夥颐：叹词，表示惊美；谓盛多。

乙　附加一字于本字而成的

双字词语除了上面本来双字的以外，以合成的居多。合成的双字词语之中，有附加一字于本字而成的，附加的方式有下面几种：

（6）接　头　如：有夏　於越　老虎　阿娘

（7）接　尾　如：石头　瓶儿　金子　鞋子（a）
　　　　　　　　　勃然❶　莞尔❷　突如　确乎（b）

"有夏"等于"夏"，"老虎"只是"虎"，"石头"只是"石"，上下所附加的字，并无意义，无非凑成双字而已。"然""尔""如""乎"也都是语尾。

（8）附　量　如：纸张　船只　马匹　银两　案件

纸以"张"计，"张"是纸的量词，船以"只"计，"只"是船的量词，余同。本字与量词合成双字者很多，如"人员""热度""水分"等都是。

（9）带　数　如：三友　百事　万卷　一杯（a）
　　　　　　　　　三楼　四号　二哥　五更（b）

同是带数，（a）例与（b）例不同，"三友"真有三个友，而"三楼"却只指一楼，是第三层楼房的意思。前者叫计数，后者叫序数。

❶ 勃然：（1）兴起的样子。（2）因愤怒或心情紧张而变色之貌。

❷ 莞尔：微笑的样子。

（10）限 义 如：菊花 毛笔 书房 石板（a）
　　　　　　我国 彼邦 此人 乃兄（b）
　　　　　　大国 黄鱼 富豪 仁人（c）
　　　　　　走狗 画像 卧床 摇篮（d）

上述四种，是用上一字来限定下一字的意义的。在上面的都是形容词。其中（b）、（c）二式，语义确定。（a）、（d）二式则因了用法，有歧义可以发生。（a）式是以名词为形容词的，解释最为复杂，如以"书"字为形容词，就"书价""书包""书店""书生""书声"等来看，就可知道。"书价"是书的价值，"书生"是读书的人，同一"书"字，含义大不相同了。（d）式是以动词为形容词的，也可因了用法解释不同，"画像"一语就可有两种解释，如"这是一幅画像，不是照相""某画家为我画像"，同是"画像"二字，用法不同。

★ 以名词为形容词的，解释最为复杂。

（11）副 状 如：大叫 痛打 急行 酣睡（a）
　　　　　　抢救 坐视 卧游 走访（b）
　　　　　　风行 壁立 蜂起 牛饮（c）
　　　　　　雷同 漆黑 冰冷 火急（d）
　　　　　　国营 民选 省立 官办（e）

这是在动词、形容词上加副词的方式，（a）、（b）二式甚明显。（c）、（d）二式因为以名词为副词，会有歧义。如"牛饮"在这里是做"牛喝水一般地饮"，在他处也许可作为一句，解作"牛喝水"。"冰冷"和"桃红""柳绿"一样，可成独立句，但在这里却该解作"冰一般冷"。"山高水长"本是独立的二句，但如果说"先生之风，山高水长"，就成为"山一般高，水一般长"的意思，应该归入本项的（d）式了。（e）式是比较新创的词语，意义简单明白。

（12）因果　如：打倒　推翻　洗清　病死

上式上一字与下一字成因果关系。有两种看法。如"打倒"二字，可解作"打到倒为止"，这时"倒"为"打"之副词。但有时亦可解作"因打而倒"，这时"打"就转而为"倒"之副词了。

★ 合成的双字词语之中，又有上下二字等列，不相从属的。

丙　上下二字等列的

合成的双字词语之中，又有上下二字等列，不相从属的。其方式有下面几种：

（13）复叠　如：日日　人人　处处　树树（a）
　　　　　　　　来来　吃吃　看看　试试（b）
　　　　　　　　大大　小小　远远　薄薄（c）
　　　　　　　　绰绰　断断　一一　寥寥（d）

此四式中，（a）、（c）、（d）三式都意义明确。惟（b）式可有二义。（b）式是以动词复叠的，如"看看"，可以解作"看一看"，也可解作"随时连续看"。"这幅画请你看看"属于前者，"无事时就看看书"属于后者。

（14）类同　如：房屋　器皿　图画　师傅（a）

　　　　　　　　行动　买办　保管　表示（b）

　　　　　　　　光亮　宽大　繁多　仁厚（c）

上三式中，（b）式是以动词合成的，可有二义，"买办"本是一种动作，有时亦可用以表动作的人，如"洋行买办"。其他如"稽查"❶、"经理""编辑""校对""书记""教授""监督"等名称，都该属于这一项。

（15）反对　如：行止　买卖　来往　兴亡

　　　　　　　善恶　是非　邪正　贵贱（a）

（16）并列　如：耳目　笔墨　党国　鱼肉（b）

上二项，论其结构是相同的，"行止"是"行与止"，"善恶"是"善与恶"，"耳目"是"耳与目"，不过一是上下二字意义相反，一则不相反，所以分列为二项。并列一项是名词与名词的结合，可有歧义。如"党国"可解作"党与国"，也可解作"党的国"，"鱼

❶ 稽查：检查；盘查，与原始凭证进行比对确认是否为账物一致。

肉"可解作"鱼与肉",也可解作"鱼的肉"。

丁　由句或兼词而成的

合成的双字词语中,有一种是句子。句子有主语与述语二部分,以自动词、形容词为述语的句子原可以双字完成,而以他动词为述语的句子,因为下面要带宾语(目的格)之故,至少要用三个字来构造。因此只好把主语省略,使成双字。这种无主语的句,文法上叫做兼词。

(17)整 句　如:水落　石出　牛鸣　鱼跃(a)

花好　月圆　山高　水长(b)

上二式都可有歧义,如(a)式中"牛鸣"可以解作"牛叫",也可以解作"牛一般地叫","鱼跃"是"鱼跳",但"雀跃"却是"雀一般地跳"了。(b)式中之"山高""水长"亦然。参照(11)副状项(c)、(d)。

(18)兼 词　如:读书　吃饭　管家　执政

这是他动词带宾语的格式,所表达的本是一种行动,但颇多歧义。有时用以指人,如"管家"可解作"管家的人",为佣人之称,"执政"可做"主持政柄者"的称号。许多职司名称如"相国""掌柜""将

① 镇纸：即指写字作画时用以压纸的东西，常见的多为长方条形，因故也称作镇尺、压尺。最初的镇纸是不固定形状的。由于古代文人时常会把小型的青铜器、玉器放在案头上把玩欣赏，因为它们都有一定的分量，所以人们在玩赏的同时，也会随手用来压纸或者是压书，久而久之，发展成为一种文房用具——镇纸。

军""督学"都属此类。有时又可以用以指物，如文房具中有"镇纸"①，菜肴叫"下饭"，收藏文件的纸夹叫"护书"，裹扎腿部的布叫"裹脚"。

戊　由分析或割截而成的

双字词语除了上面本来双字与合成双字的以外，尚有矫揉造作而成者，有分析与缩截二种。分析是把一字分成双字，缩截是把多字缩约为双字。

（19）析 音　如：不律　蒺藜　窟窿　勃阑

这是把一个字音延长，分析成为二音的方式，"不律"是"笔"，"蒺藜"是"茨"，"窟窿"是"孔"，"勃阑"是"槃"。在元人戏曲唱词中，常遇到这种的双字词语。

（20）析 形　如：丘八　八乂　言午　立早

这是把一个字形分析成为二字的方式，"丘八"是"兵"，"八乂"是"父"，"言午"是"许"，"立早"是"章"。廋词及江湖切口语中多见此式。

（21）缩 截　如：无电　北大　中委　文协

"无电"是"无线电"之略，"北大"是"北京大学"之略，"中委"是"中央执行委员"之略，"文协"是"文艺协会"之略。这种缩截的方法，古代早有，如把"司马迁"缩作"司迁""马迁"，把"诸葛亮"缩作"葛亮"就是。

以上把双字词语列成五大类，二十一项，有的每项更分为若干式。双字词语的构成方式由此可得到一个大概，但只是个大概而已。若再细加考察，必可更有新的发现。至于各式彼此也有关联之处，如"马班史笔"中之"马班"，就缩截一点说，可属（21）式，若就其合成方式说，是并列，应属（16）式。又如（17）中之（a）、（b）二式，与（11）中之（c）、（d）二式，亦有相通之点。仔细研究起来，兴味是很多的。

刊《国文月刊》第四十一期（1946年3月20日）。

七　所谓文气

❶ 文气：中国古代文论术语。指文章所体现的作者精神气质。但它的具体内容则在文论各个发展阶段有不同变化和侧重。

　　前人论文章，常提出"文气"❶这一个名词。学校里的国文教员批改学生的文课，也有"文气畅达"或"气势欠流利"等类的评语。所谓"文气"，究竟是什么？

　　凡是称为"气"的东西，都是不可捉摸的。中国医学上讲到"气"，理学上也讲到"气"，讲得都很玄妙、神秘，似可懂，似不可懂。从来文章家关于文气，也有种种说法，可是都说得并不具体。

　　本篇谈文气，想摆脱从前的玄妙、神秘的态度，做个比较具体的说明。在未入正文之前，试先把"气"字的解释来规定，我想把文气的"气"解释做俗语所谓"一口气""两口气"的"气"。文气这东西，看是看不出的，闻也闻不到的，唯一领略的方法，似乎就在用口念诵。文章由一个个的文字积累而成，每个文字在念诵时所占的时间，因情形不同而并不一致相同。假如这里有甲、乙两段文字，甲段是若干个字，乙段也是若干个字，我们念诵起来往往会快慢不同，例如：

> 饮马渡秋水，水寒风似刀。
> 平沙日未没，黯黯见临洮。
> 昔日长城战，咸言意气高。
> 黄尘足今古，白骨乱蓬蒿。（甲）
> 　　　　——王昌龄《塞下曲》❶

> 国破山河在，城春草木深。
> 感时花溅泪，恨别鸟惊心。
> 烽火连三月，家书抵万金。
> 白头搔更短，浑欲不胜簪。（乙）
> 　　　　——杜甫《春望》❷

　　这两首五言诗，同是八句，字数同是四十个，我们念诵起来，觉得（甲）快（乙）慢，假如（甲）的念诵时间是十五秒钟，（乙）的念诵时间就要十五秒以上。这理由全在句式的情形不同，（甲）例的五言句并不每句都完成一个意义的，如：

> 平沙日未没，黯黯见临洮。

❶《塞下曲》：系由汉乐府《横吹曲辞》中的《出塞》《入塞》衍变而来，内容多写边塞战事。《塞下曲·饮马渡秋水》是盛唐著名边塞诗人王昌龄（？－约756）的一首边塞诗，这首诗着重表现军旅生活的艰辛及战争的残酷，其中蕴含了诗人对黩武战争的反对情绪。

❷《春望》：是唐朝诗人杜甫的一首五言律诗，作于至德二载（757），诗人当时为安史叛军所俘，身陷长安。杜甫眼见山河依旧而国破家亡，春回大地却满城荒凉，在此身历逆境、思家情切之际，不禁触景生情，发出深重的忧伤和感慨。

文章都有的，所差者只是强弱。用前面所举的（甲）、（乙）两首五言诗来说，（甲）的气势可以说比（乙）的强。文气的强弱，和文章的好坏本来没有密切的关系，我们不能说（甲）诗一定比（乙）诗好，也不能说凡是《金缕曲》调的词，一定比《高阳台》调的词好，我们所能承认的只是文气确有强弱之分罢了。唐宋以来的文章批评家颇多以文气的强弱为批评的标准者，我们不必附和其说，本文所想加以考察的只是文气加强的条件。前面以诗词为例，说念诵起来快的文气较强，念诵起来慢的文气较弱，以下试就普通文章来做更进一步的考察，看所谓文气旺盛的文章，形式上、构造上有什么特殊的地方。

（一）以一词句统率许多词句，足以加强文气，因为许多词句为一词句所统率，读去就不能中断，必须一口气读到段落才可停止。凡具有这种构造的文章，文气都强。例如：

仆之先非有剖符丹书之功，文史星历，近乎卜祝之间，固主上所戏弄，倡优所畜，流俗之所轻也。

——司马迁《报任少卿书》❶

秦孝公据崤、函之固，拥雍州之地，君臣固

❶《报任少卿书》：即《报任安书》，是司马迁写给其友人任安的一封回信。在文中，司马迁以极其激愤的心情，申述了自己的不幸遭遇，抒发了内心的无限痛苦，大胆揭露了汉武帝的刚愎自用，提出了人固有一死，或重于泰山，或轻于鸿毛的比较进步的生死观，并表现出了他为实现可贵的理想而甘受凌辱、坚韧不屈的战斗精神。

守，以窥周室，有席卷天下，包举宇内，囊括四海

之意，并吞八荒之心。

——贾谊《过秦论》❶

第一例一串文句由"仆之先"统率，非从"仆之先"连念至"也"字不能停止；第二例一串文句由"秦孝公"统率，非从"秦孝公"连念至"心"字不能停止，中间虽有若干逗点，都只许暂停而已，一壁暂停，一壁仍须接上去念，念到相当的地方才完结。这样，文章的气势就觉得旺盛了。

（二）在一串文句中叠用调子相同的词句，也足以加强文气。我们叙述一件事情或说述一件事物，可以统括地说，也可以分别列举地说。如说"张三生活很阔绰"，这是统括的说法。说"张三住的是洋房，坐的是汽车，着的是皮大衣……"这是分别列举的说法。后者文气比前者强，因为虽然有好几句，念起来须保持前后的联络，无法中断。凡是列举说述的言语，大概各部分调子相同的。例如：

❶《过秦论》：西汉初年著名的政论家、文学家贾谊的政论散文代表作，分上中下三篇。全文从各个方面分析秦王朝的过失，故名《过秦论》。旨在总结秦速亡的历史教训，以作为汉王朝建立制度、巩固统治的借鉴。

匹夫而为百世师，一言而为天下法，是皆有以参天地之化，关盛衰之运，其生也有自来，其逝也有所为。故申吕自岳降，傅说为列星。古今所传，不可诬也。孟子曰，我善养吾浩然之气。是气也，寓于寻常之中，而塞乎天地之间，卒然遇之，则王公失其贵，晋楚失其富，良平失其智，贲育失其勇，仪秦失其辩。是孰使之然哉？其必有不依形而立，不恃力而行，不待生而存，不随死而亡者矣。故在天为星辰，在地为河岳，幽则为鬼神而明则复为人。此理之常，无足怪者。

——苏轼《潮州韩文公庙碑》❶

故绝圣弃知，大盗乃止。擿玉毁珠，小盗不起。焚符破玺而民朴鄙。掊斗折衡而民不争。殚残天下之圣法而民始可与论议。擢乱六律，铄绝竽

❶《潮州韩文公庙碑》：北宋文学家苏轼的一篇散文。这篇文章是苏轼于1092年（元祐七年）三月，接受了潮州知州王涤的请求，为潮州重新修建的韩愈庙所撰写的碑文。

瑟，塞瞽旷之耳而天下始人含其聪矣。灭文章，散五彩，胶离朱之目，而天下始人含其明矣。毁绝钩绳而弃规矩，攦工倕之指，而天下始人有其巧矣。

——《庄子·胠箧》❷

上面所引两文，文气的旺盛是一般文章家所公认的，其中就有不少调子相同的部分。这些调子相同的词句都是列举式的，如果用一句统括的话来改说，念起来文气就要减弱许多了。

调子相同的词句虽能使文气加强，但也须运用得适可而止，于必要时善为变化。上两例中，第一例苏轼文有好几组调子相同的词句，各组有不变化的，有变化的，如：

王公失其贵，晋楚失其富，良平失其智，贲育失其勇，仪秦失其辩。（不变化）

❷《庄子·胠箧》:《庄子·外篇》中的一篇抨击儒家"圣人"及其所主张的"仁义"的著作，宣扬"绝圣弃智"、回到上古"民结绳而用之"的"至德之世"，其中颇多愤激之言。胠，开；箧，箱子。

故在天为星辰，在地为河岳，幽则为鬼神而明则复为人。（变化）

第二例《庄子》文在一组同调子的词句里，亦颇参着变化。如：

擢乱六律，铄绝竽瑟……而天下始人含其聪矣。

灭文章，散五彩……而天下始人含其明矣。

毁绝钩绳而弃规矩……而天下始人有其巧矣。

一组共三排，上段句式就各不相同。又如前所举贾谊《过秦论》云：

有席卷天下，包举宇内，囊括四海之意，并吞八荒之心。

★ 句调平板的文章，念诵起来等于宣卷，反足减损义气。

"席卷天下""包举宇内""囊括四海""并吞八荒"都是同调子的词句，可是偏用得这样不平均，不说"有席卷天下、包举宇内之意，囊括四海、并吞八荒之心"，也是于同调子中故意求变化的缘故。同调子的词句便于快速诵念下去，固是一个原则，小施变化，使同中有异，反足以助长波澜，叫文气更能生动。句调平板的文章，念诵起来等于宣卷，反足减损义气。唐宋以来的古文家看不起六朝的骈文，就因为骈文句法平板，变化不多。

（三）多用接续词，把文句尽可能地上下关联，也是加强文气之一法。接续词的功用在使两词连成一词，两句连成一句，甲乙两句话，本来可以先说甲句再说乙句，中间留出停顿的时间，如果用接续词连了起来，就成了一句话，非做一口气说完不可了，说来就自然要快速些。又，接续词有彼此互相呼应的，如"虽——然而""与其——毋宁"❶等上下相呼应，上面念到"虽"，"然而"就会跟着上口来，念到"与其"，"毋宁"也就立刻在嘴边了。接续词不但自相呼应，还可和别的词相呼应。如"况"常和疑问词"哉""乎"等相呼应，"虽"也可和"亦""犹"等字相呼应，牵用其一，就连及其伴侣。因了接续词的关系，可以叫念诵的时间短缩，这是很明显的。

例如：

传曰："古之欲明明德于天下者，先治其国；欲治其国者，先齐其家；欲齐其家者，先修其身；欲修其身者，先正其心；欲正其心者，先诚其意。"然则古之所谓正心而诚意者，将以有为也。今也欲治其心而外天下国家，灭其天常，子焉而不父其父，臣焉而不君其君，民焉而不事其事。孔子之作《春秋》也，诸侯用夷礼则夷之，进于中国则中国之。经曰："夷狄之有君，不如诸夏之亡。"《诗》曰："戎狄是膺，荆舒是惩。"今也举夷狄之法而加

❶ 毋宁：用来连接分句，相当于"不如"常与"与其"连用，表示在两项中选后一项。如，与其等着破产，毋宁现在全面改革。不宜写作"无宁"。

89

之先王之教之上，几何其不胥而为夷也？夫所谓先王之教者何也？博爱之谓仁，行而宜之之谓义，由是而之焉之谓道，足乎己无待于外之谓德。其文《诗》《书》《易》《春秋》；其法礼、乐、刑、政；其民士、农、工、贾；其位君臣、父子、师友、宾主、昆弟、夫妇；其服麻丝；其居宫室；其食粟米、果蔬、鱼肉；其为道易明而其为教易行也。是故以之为己则顺而祥；以之为人则爱而公；以之为心则和而平；以之为天下国家无所处而不当。是故生则得其情，死则尽其常；郊焉而天神假，庙焉而人鬼飨。曰，斯道也，何道也？曰，斯吾所谓道也，非向所谓老与佛之道也。尧以是传之舜，舜以是传之禹，禹以是传之汤，汤以是传之文武周公，文武周公传之孔子，孔子传之孟轲。轲之死，不得其传焉。荀与扬也，择焉而不精，语焉而不详。由周公而上，上而为君，故其事行；由周公而下，下而为臣，故其说长。然则如之何而可也？曰，不塞不流，不止不行。人其人，火其书，庐其居，明先王之道以道之，鳏寡❶孤独废疾者有养也，其亦庶乎其可也。

——韩愈《原道》

苏子曰，客亦知夫水与月乎？逝者如斯而未尝往也。盈虚者如彼而卒莫消长也。盖将自其变者而观之，则天地曾不能以一瞬；自其不变者而观之，则物与我皆无尽也。而又何羡乎？且夫天地之间，物各有主。苟非吾之所有，虽一毫而莫取。惟江上之清风与山间之明月，耳得之而为声，目遇之而成

❶ 鳏寡：老而无妻或无夫的人。引申指老弱孤苦者。

色，取之无禁，用之不竭，是造物者之无尽藏也，
而吾与子之所共适。

　　　　　　　　　　——苏轼《赤壁赋》**❶**

　　上二例中，接续词有仅接词或句的，如：

　　客亦知夫水与月乎（"与"接上下二词）
　　其为道易明而其为教易行也（"而"接上下
二句）

　　又有接上下二段的，如：

　　客亦知夫水与月乎？逝者如斯而未尝往也。盈
虚者如彼而卒莫消长也。盖将自其变者而观之，则
天地曾不能以一瞬；自其不变者而观之，则物与我
皆无尽也。而又何羡乎？

　　上下二段，用一"盖"字连结着，前后就成一串
了。此外如"然则""是故""且夫"也都有这样的功
用。仅接合词句的接续词，助长文气的力量尚小，至
于把两段文句接合的接续词，助长文气的力量就甚大。

　　以上三项都是加强文气的方法，念诵起来气势旺
盛的文章似乎都含有这些条件。这些条件，在一篇文
章中都是相互混合着的，一一分别了说，只是为说明
上的便利而已。加强文气也许尚有其他的方法，这里
所说的只是作者个人的一时的考察。

❶ 北宋文学家苏轼写过
两篇《赤壁赋》，后人
称为《前赤壁赋》和
《后赤壁赋》，二者都
是中国古代文学史上
的名篇。苏轼被贬为
黄州（今湖北黄冈）
团练副使的1082年
秋、冬，先后两次游
览了黄州附近的赤壁，
写下这两篇赋。此处
选自《前赤壁赋》。

总而言之，要领略文章的气势，念诵是唯一的途径。念诵起来须急忙追赶，不能中途停滞的就是所谓气势旺盛的文章。一般文章家评文章，有所谓"洋洋洒洒""一泻千里""波澜壮阔"等类的话，可以说都是说明这境况的。

文气旺盛的文章，念诵起来须急忙追赶不能中途停滞。但其中各部分仍须独立自然，并无缺损，句子非一定冗长，前后合起来固成一串，分开来也仍自然，最要紧的是便于念诵。念诵不便的词句，反足阻滞文气。近代欧化的语体文，往往有佶屈聱牙❶不便念诵的，如：

我们现在说明科学名词存在的理由分三层来说：

第一，科学研究的东西往往不是平常人知道有的东西。

氢二氧，固然可以叫它"水"，温度达到沸点，固然可以叫做"开"或是"滚"，但是像钠、铝、声浪、电波、微菌、维他命都是平常不知道有的东西，所以不得不给它们些名词，以便称述。

第二，科学家所研究的事情往往不是平常人所问的事情。比方东西动的快慢科其名曰"速度"，其实就是快慢；可是比方东西往❷下掉的时候它的速度越变越快，它的变法究竟变得有多快，这是科学要问而平常人不大问的事情，因而不得不给它个

❶ 佶屈聱牙：形容文字艰涩生僻、拗口难懂。佶屈，曲折，不顺畅。聱牙，拗嘴，不顺口。

❷ 往：原书为"望"。后同。

92

名词叫"变速度"。再比方一个病人跟一好人在一处，分开之后第二人好像没有染着那个人的病，可是过了几天那个病发出来了。并且查各种传染病从染着过后到发出来有各种不同的期限，因而就给这期限一个名词，叫某种传染病的"潜伏期"。

第三，也是最要紧的，就是科学所以要用科学名词是为着要改组日常所见的东西跟事情的观念。因为咱们日常所用的名词，跟这些名词所代表的观念往往是很不清楚很不一致的，只要一仔细认真地想要把它弄清楚，想要找出它所代表的实在的东西跟事情，就会发觉出来许多分歧❶跟矛盾的地方。

❶ 分歧：差别；不相一致。

比方"力"是一个很笼统没有清楚范围的观念，科学就分出力（狭义的）是质量乘变速度（ma）；动量，是质量乘速度；动能，是半质量乘速度平方（$\frac{1}{2}mv^2$）等等不同的事情，冷热就分出温度、热量、比热、皮肤上的冷觉点的感觉，都是各有各的意义跟范围的。照平常观念鲤鱼也是鱼，鲸鱼也是鱼。科学就根据卵生、胎生等现象分出鱼类跟哺乳类，而把鲸鱼跟猫、狗、人类一同归在哺乳类。年的观念比较清楚一点，但是细追起来，又有以四季定年（回归年），以地球公转真周期定年（恒星年），以地球近日点周期定年（近点年），以黄白道交点周期定年（交食年）的四种长短不同的年。

还有假如平常的名词。经查考的结果知道它所指的东西并不存在，所说的事情并无其事，或是所指的事物经分析过后内容各部太不相干，不成有意义的观念，例如神仙、手气（赌钱的手气）、药的寒性热性、发（吃鸡是发的）等，科学压根儿就不谈这一套，如果要谈的话就拿它们当语言学跟社会科学的材料了。

总结起来可以说，科学的所以用名词，不是因为好好儿的老牌名词不够时髦必得改了洋装才够引人注意，也不全为科学要研究平常不知道有的东西跟不注意的事情而题新名词，乃是因为咱们平常所持的观念跟这所用的名词太含糊太不一致，一经细查就觉出来或者是没有这回事，或者它并不是一类事，因而不得不另造一些分析严密、范围清楚的名词，才可以做散布跟推广正确知识的合用的工具。这是科学名词存在的主要的理由，并且也应该作用科学方法研究向来不认为在科学范围内的任何类问题的榜样。

——赵元任❶《科学名词跟科学观念》

❶ 赵元任（1892-1982）：中国现代语言和现代音乐学先驱，著作有《中国语言词典》《中国语入门》《中国语文法之研究》《现代吴语的研究》《钟祥方言记》《湖北方言报告》等。

此文字句正确，限制严密，可算是近代的好文字，但若用旧式的念诵法来念诵，有些部分就觉不大流利畅快。原来同是对于文章，古代人和近代人所取的手段不同，古代人重在用口念，近代人重在用眼看。近代人从早晨接到报纸起，到晚上睡觉为止，不知道眼睛上要经过多少字数的文章，可是都只在眼睛上经过而已，用口念诵的真是极少极少。所以文气是近代文章上所忽略的一方面，本文谈文气不取近代语体文作例，就为了这个缘故。

八　意念的表出

文章的内容不外乎作者的意念。意念可以从外界的事物收得，如观察某一件东西，经验某一件事情，可以收得许多意念，把这许多意念写出来，就成记叙式的文章。意念又可从内部发生，如眼前并无某一件东西或事情，作者可以对某一件东西或事情发生个人的感想或意见，这感想或意见就是意念，写出来或成感想式、议论式的文章。

意念是无形的东西。文字是它的符号，一个意念可有许多符号。我们在辞书里检查字义，常看见一个字用别的字来解释，如《说文》❶"今"字下说"是时也"，《尔雅❷·释诂》说"初、哉、首、基、肇、祖、元、胎、俶、落、权舆❸，始也"。"今"和

❶《说文》：即《说文解字》，是中国第一部系统地分析汉字字形和考究字源的字书。东汉许慎著，成于安帝建光元年（121）。原书十四卷，叙目一卷，正文以小篆为主，收9353字，又古文、籀文等异体同文1163字，解释13余万字。

❷《尔雅》：我国最早的一部解释词义的专著，也是第一部按照词义系统和事物分类来编纂的词典。作为书名，"尔"是"近"的意思（后来写作"迩"），"雅"是"正"的意思，在这里专指"雅言"，即在语音、词汇和语法等方面都合乎规范的标准语。"尔雅"的意思是接近、符合雅言，即以雅正之言解释古语词、方言词，使之近于规范。

❸权舆：本谓草木萌芽的状态，引申为起始、初时。

"是时"同是一个意念符号,"初""哉""首""基""肇""祖""元""胎""俶""落""权舆"和"始"也同是一个意念符号。一个意念符号可随时代演进增加,如依我们今日的用语来说,"今"不止可解作"是时",还可解作:

目下　目前　现在　眼前　当代
现代　斯世　并世　我们的时代　这个年头……

"始"字除了那些古义以外,也还可有各种各样的解释。如:

滥觞❶　渊源　开端　起头　起源　发生　发端　发轫　起首　开始　开头　开创　开场　揭开序幕　第一步　暴　破题儿第一遭　行剪彩礼……

这些词儿虽有雅有俗,可是都可用作"始"的解释。

一个意念,符号可以多至不遑枚举。"死"的一个字,据我所知,从"崩""薨""卒""亡""物故""物化""即世""逝世"等等起,到"翘辫子""口眼闭""两脚直""见阎王""着木头长衫""呜呼哀哉"等等止,差不多可有近二百种的说法,符号之繁多真是可惊。任何一个意念,只要从多方面去考察,就会

❶滥觞:原指江河发源处水很小,仅可浮起酒杯。出自北魏·郦道元《水经注·江水一》:"江水自此已上至微弱,所谓发源滥觞者也。"现在仅用来比喻事物的起源、发端,其他用法在现代已不存在,否则为误用。

发现各式各样的符号，这些符号往往是辞书上所不载的。林语堂❶先生曾有编纂《义典》的计划，拟将意义相同的词儿或成语，按事类辑在一处，可惜还没有成书。

一个意念有许多符号，我们在写作或说话中，应该怎样去使用这些符号呢？符号好比俳优的服装，要表出一个意念到语言或文章上，好比送一个俳优出舞台去给观众看，这俳优该怎样装束，怎样打扮，是戏剧家所苦心考虑的。文章家也该用和这同样的苦心去驱遣符号。

第一，符号既是意念的服装，服装要收藏得多，才能供给需要，如只有一身，就枯窘可怜了。从前有句老话叫"学文须先识字"，字原是符号，但一个个的方块字是意义不完足的；我们不妨把"字"改作"词儿"或"用语"，对于某一个意念，知道的"词儿"或"用语"越多，运用起来越便当。例如：

> 惠王用张仪之计，拔三川之地，西并巴、蜀，北收上郡，南取汉中，包九夷，制鄢、郢，东据成皋之险，割膏腴之壤，遂散六国之从，使之西面事秦，功施到今。
>
> ——李斯《谏逐客书》❷

❶ 林语堂（1895-1976）：现代著名学者、文学家、语言学家，代表作有《京华烟云》《吾国与吾民》《生活的艺术》《老子的智慧》等。

❷《谏逐客书》：战国时李斯作的一篇公文。据《史记·李斯列传》记载，韩国派水工郑国游说秦王政（即后来的秦始皇），倡言凿渠溉田，以实施"疲秦计划"。事被发觉，秦王政听信宗室大臣的进言，认为来秦的客卿大抵都想游间于秦，就下令驱逐客卿。李斯也在被驱逐之列，尽管惶恐不安，但主动上书，写下千古流传的《谏逐客书》。其立意高深，始终围绕"大一统"的目标，正反论证，利害并举，说明用客卿强国的重要性。

这里面的"拔""并""收""取""包""制""据""割"等字，所寄托的意念可以说只是一个。彼此互易，也没有什么不可以。如果老是用其中的一个，毫无变化，就觉得窘态❶毕露，不好看了。文章家在有变化符号的必要时，常费了心思去求变化，如韩愈《画记》云：

> 牛大小十一头，橐驼❷三头，驴如橐驼之数而加其一焉。

"橐驼三头"，"如橐驼之数而加其一"等于说"四头"，可是作者不直说"四头"，却应用了算术上 3+1=4 的计算方式，故意做着弯曲的说法。这明明是为了求变化的缘故。

第二，须依照情境，把符号严密选择。"词儿""用语"既认识得多了，选择的功夫更不可忽。选择的标准，积极的只有一个，就是求适合情境。这情境一语包含甚广，说者作者自己的心境，对听者或读者的关系，以及谈话或文章的上下部分等等，都可以包括在情境一语里面。同是一个意念，在不同的情境之下该有不同的说法。如：

> 高皇帝弃群臣，孝惠皇帝即世，高后自临事，不幸有疾，日进不衰，以故暴乎治。
> ——汉文帝《赐南粤王赵佗书》❸

❶ 窘态：难住，使为难；穷困。

❷ 橐驼（tuó tuó）：骆驼。

❸ 汉文帝：即刘恒（前202－前157）：汉高祖第四子。赵佗（？－前137）：秦朝著名将领，南越国创建者，号称"南越武王"或"南越武帝"。

不上一点钟，差不多先生就一命呜呼了。

——胡适《差不多先生传》❶

"弃群臣""即世""一命呜呼"都是死的意思。"弃群臣"是表示君之死的，"即世"可通用于诸侯大夫，现在甚至一般人的死去也可适用了。汉文帝为"高皇帝"的儿子，"孝惠皇帝"之异母弟，所以称"高皇帝"的死叫"弃群臣"，称"孝惠皇帝"的死叫"即世"。至于"一命呜呼"只是一种谐谑的说法，《差不多先生传》原是一篇有谐谑性的文章，所以可用"一命呜呼"的谐谑语。

一串意念相同的符号，普通叫做同义语，其实符号与符号决不会全然同义的，只是一部分的意义互相共通罢了。例如"人口""人手""人头"都可做"人"解释，但如果说在表达"人"的意念时，任何符号都可通用，这就大错。这些符号各有各的特色。如说：

家里人口多，生活就不容易了。（甲）
这工作太烦重，怕人手不够。（乙）
人头税是一种按人征收的捐税。（丙）

（甲）从食物说，所以用"人口"；（乙）从工作说，所以用"人手"；（丙）从个数说，所以用"人头"。如果彼此互易，就不成话。

❶《差不多先生传》：胡适创作的一篇传记题材寓言，讽刺了当时中国社会中那些处事不认真的人。

99

还有，言语这东西是会因了时代而变迁生长的。一个符号，本身意味往往会今昔不同。例如，"少爷""小姐"本来是对青年男女的尊称，近来意味已转变许多，含有讥笑、鄙薄的意味，虽生在富贵之家的青年男女，也不愿接受这些称呼了。又如："情人""相好"都是表达未经正式婚姻的相爱的男或女的，但在现今，你如果对在恋爱中的朋友称他或她的对手叫"情人"或"相好"，必会引起不快，于是"恋人""爱人"等新语就应运而生了。政治的纠纷非常微妙，近来报纸上常见到 × 派与 × 派间发生"摩擦"的标题，这摩擦是新语。放着"冲突""斗争"等等陈语不用，故意把"摩擦"做如此解释，也是有意义的。诸如此类的变化，只好随时随地去体会，用锐敏的感觉力去辨别，寻常的字典上是翻查不出的。

选择符号的积极的标准是求适合情境。此外还有一个消极的标准，就是求意念明确。选择符号从积极的标准说来，固然要叫它适合情境，如果找不到适合情境的符号，就是创造新符号也不妨。可是消极的方面也须顾到。我们用符号来表示意念，最要紧的是照意念明确表出，不致发生误解。例如：

★ 言语这东西是会因了时代而变迁生长的。

抗日战争在卢沟桥揭开序幕。

这用"揭开序幕"来表出"始"的意念，是很明确的。如果说：

我整理书籍昨天已揭开序幕了。

这里的"揭开序幕"如果也是表示"始"的意念的，那么就不明确。听到这话的人也许以为"已把藏书室的门幕拉开"哩。又如：

今日是十四天，再过六日就是二十天了。（甲）
今天是十四日，再过六天就是二十日了。（乙）

"天""日"原同是表日子的符号，可是习惯上用法有时有分别，说"今天""明天"和说"今日""明日"原没有两样，说"十四天""二十天"和说"十四日""二十日"是不同的。譬如今天是一月五日，要说"一月五日"，不该说"一月五天"。上面两个例，（甲）只是计算日数，说话的时候不限在某月十四日，（乙）在计数日历上日子，这话正是在某月十四日说的。此种关系如果弄错了，也便会犯不明确的毛病。

不明确的原因大半由于歧义。一个符号可做这样解，又可做那样解，于是就不明确了。这种毛病是容易犯的，甚至文章家也难免。如：

★　不明确的原因大半由于歧义。

101

❶ 祇：原书为"只"。

❷ "说"是一种文体，通过发表议论或记述事物来说明某个道理。"杂说"是古籍分类子部中一目，叙述人事，兼发议论者属之。"杂说"可以说是一种议论文，是杂文最早的形态。韩愈有《杂说》四篇，分别为《龙说》《医说》《崔山君传》《马说》。

❸《祭十二郎文》：唐代韩愈的作品，写于贞元十九年（803），文章中的十二郎是指韩愈的侄子韩老成。

世有伯乐，然后有千里马。千里马常有，而伯乐不常有。故虽有名马，祇❶辱于奴隶人之手，骈死于槽枥之间，不以千里称也。

——韩愈《杂说》❷

有人批评这里面的两个"千里马"，所代表的并非同一意念。因为上文说"世有伯乐然后有千里马"，"有伯乐"是"有千里马"的条件。下文说，"千里马常有而伯乐不常有"，岂非先后自相矛盾？所以这两个"千里马"，并非同一意念的符号：上面的"千里马"是名实合一的"千里马"，下面的"千里马"，是有"千里马"之实而无"千里马"之名的"千里马"。用譬喻来说，上面的"千里马"犹之"博士"，下面的"千里马"犹之"有学问的人"。如果要明确地说，应该是"世有伯乐然后千里马获有千里马之名……"

以上所说的意念和符号的关系，是全从词儿或用语着眼的。意念的表出还可再把观点扩大，从整串的说话或文句着眼。一串说话或文句，常有可用一二字包括的，例如：

吾年未四十而视茫茫而发苍苍而齿牙动摇。

——韩愈《祭十二郎文》❸

今农夫五口之家，其服役者不下二人，其能耕者不过百亩，百亩之收不过百石。春耕夏耘，秋获冬藏，伐薪樵，治官府，给徭役。春不得避风尘，夏不得避暑热，秋不得避阴雨，冬不得避寒冻。四时之间，无日休息。

——晁错《论贵粟疏》❷

第一例"而"字以下数句，等于说"衰"。如果说"吾年未四十而衰"，原也足以表出同样的意念的，第二例"春不得避风尘，夏不得避暑热，秋不得避阴雨，冬不得避寒冻"，就是下文"四时之间无日休息"的意念，可以说是一种重复的说法。

"衰"和"视茫茫""发苍苍""齿牙动摇"在一例里是表达同一意念的符号，作者何以不取"衰"而取"视茫茫""发苍苍""齿牙动摇"呢？这是效果上的问题，在这情境中，"视茫茫""发苍苍""齿牙动摇"比只说"衰"具体得多，动人得多。第二例只说"四时之间无日休息"，还是概括的，上面"春不得避风尘，夏不得避暑热，秋不得避阴雨，冬不得避寒冻"是一一列举的诉说，因为这段文章的目的就在诉说农民的苦痛，所以不觉其重复，反觉适合情境，效果增加了许多。

一串说话或文句该怎样说？换句话说，该用什么

❷《论贵粟疏》：西汉政治家晁错创作的一篇散文。这篇文章观点精辟，分析透彻，逻辑谨严，文笔犀利，具有汪洋恣肆的气势和流畅浑厚的风格。

符号来表出？这标准也可有两个，一是积极的，求适合情境。"不战"和"不费斗粮，未烦一兵，未战一士，未绝一弦，未折一矢"（见《国策·苏秦以连横说秦》❶）是同一意念的符号，"天下乌鸦一般黑"，"东山老虎要吃人，西山老虎也吃人"（皆俚谚❷），和"滔滔皆是"也可做同一意念的符号。这些符号有简说的，有详说的，有直说的，有用譬喻的，此外更有各种各样的方式。表示意念的时候，用得合乎情境，用得有效果，就任何符号都好，否则就任何符号都不好。

还有一个是消极的标准，一串说话或文句之中，各句都自占着地位，同时对于上下文也各有关系。逐句的安排要合乎习惯，没有毛病。试用前面举过的韩愈《画记》的例来说：

> 牛大小十一头，橐驼三头，驴如橐驼之数而加其一焉。

不说"驴四头"，前面曾说过为求变化，如果就一串文句看，还有一个理由可说，就是为了要用"驴"来把这一小段结束。如果说"牛大小十一头橐驼三头驴四头"，不但缺乏变化，语气不能完结，全篇的段落就因之不分明了。平心而论，"驴四头"，

❶《国策·苏秦以连横说秦》：《战国策》中的名篇，主要讲述了战国时期，著名说客苏秦见秦王时献连横之策，秦王没有采纳，于是苏秦发奋学习纵横之术、终于成功当上赵相，并且以功名显于天下的故事。

❷ 俚谚：民间谚语。

"四头"就是了，故意说做"如橐驼之数而加其一焉"，原有矫揉、不自然的缺点，但这样改说，在结束上究竟收到了效果，功过利害可以相抵而有余的。又如《杂说》中两次用"千里马"，意念不一致是一个缺点，但在别方面颇获得了奇警的效果。如果改作"世有伯乐然后千里马有千里马之名"就平凡得多了。

要将一句句子摆入一串文句里面去，从一串文句或全篇文章考察起来，问题是很多的。用一个意念来造句，可有各种各样的方式。譬如：一匹马在路上跑过把一只黄犬踏死了，这事可有好几种写法。关于这，从前的文章家曾有好几个人造过句，叫做"黄犬奔马"❶句法，是很有名的。如下：

> 马逸，有黄犬遇蹄而毙。（穆修）（甲）
> 有犬死奔马之下。（张景）（乙）
> 适有奔马践死一犬。（沈括）（丙）
> 逸马杀犬于道。（欧阳修）（丁）
> 有犬卧通衢，逸马蹄而死之。（欧阳修之友）（戊）

（甲）、（乙）、（丙）见《扪虱新话》，（丁）、（戊）见《唐宋八家丛话》，前人对于这些句法，孰优孰劣，批评不一。其实，一句句子的好或不好，要看上下文

❶ 黄犬奔马：据《唐宋八家丛话》记载，北宋文学家欧阳修任翰林学士时，一日和同僚外出，见奔马踩死一犬，他就问同僚怎样用几个字记下此事，同僚说可记："有犬卧通衢，逸马蹄而死之。"这看上去已很简洁，谁知欧公笑道："使子修史，万卷未已也，不如记'逸马杀犬于道'。"相比之下，欧阳修更胜一筹。这就是人们广为传诵的"黄犬奔马"的故事。

的情境，单独抽出一句来看是无从批评的。上面五种句法，有观点上的不同，有的从"犬"方面说，有的从"马"方面说，又有繁简上的不同，有的只六个字，有的多至十余字，可是当作表出意念的符号来看，是同一的，犹之"四"是"四"，"三加一"也是"四"。说"四"好呢，说"三加一"好呢？要看情境才能决定。

以上已就词儿、文句两方面略论意念和表出符号的情形，意念的表出方式和符号的运用，还可更进一步扩大范围，从篇章方面来考察。意念可大可小，可以用一个词儿来做符号，可以用一串文句来做符号，也可用一篇文章或一首诗来做符号。有许多文章，全篇可以用一个意念来简单地概括。如：

> 煮豆燃豆萁，豆在釜中泣。本是同根生，相煎何太急？
>
> ——曹植《七步诗》❶

大家知道这首诗是讽示曹氏兄弟间猜忌的，兄弟间不该猜忌是意念，这首诗就是寄托意念的符号。由此类推起来，《列子·愚公移山》❷ 可以说是"精诚感神"或"有志竟成"的意念的符号，柳宗元的《捕蛇者说》❸ 可以说是"苛政害民"的意念符号，易卜生

❶ 《七步诗》：出自《世说新语》，据传是三国时期魏国著名文人曹植的名篇。这首诗用同根而生的萁和豆来比喻同父共母的兄弟，用萁煎其豆来比喻同胞骨肉的哥哥残害弟弟，生动形象、深入浅出地反映了封建统治集团内部的残酷斗争和诗人自身处境艰难，沉郁愤激的感情。

❷ 《列子·愚公移山》：《列子·汤问》中的一则寓言。《列子》相传是战国时期的思想家列御寇所著。

❸ 《捕蛇者说》：唐代文学家柳宗元的散文名篇。文章通过捕蛇者蒋氏对其祖孙三代为免交赋税而甘愿冒着死亡威胁捕捉毒蛇的自述，反映了中唐时期我国劳动人民的悲惨生活，深刻地揭露了封建统治阶级对劳动人民的残酷压迫和剥削，表达了作者对劳动人民的深切同情。

的《娜拉》❶，《镜花缘》❷的"女儿国"，可以说是"妇
女地位应改革"的意念的符号了。表出一个意念，用
诗呢，用故事体裁呢，还是用小说或剧本的形式呢？
是作家们所苦心考虑的问题。这话牵涉文艺作品全体，
和普通的所谓文章法则相去太远，不详说了。

❶《娜拉》：即《玩偶之家》，是挪威戏剧家易卜生的话剧代表作。主要写主人公娜拉从爱护丈夫、信赖丈夫到与丈夫决裂，最后离家出走，摆脱玩偶地位的自我觉醒过程。

❷《镜花缘》：清代小说家李汝珍创作的一部富有浓厚神话色彩及浪漫幻想的古典长篇小说。

九　感慨及其发抒的法式

❶《文学改良刍议》：胡适倡导文学革命的第一篇文章。1916年底，在美国留学的胡适，将其《文学改良刍议》的文稿寄给了陈独秀主编的《新青年》，发表在第2卷第5期上，对当时和以后的文学发展产生了极大的影响。接着，陈独秀在下一期刊出了自己撰写的《文学革命论》进行声援。1918年5月，鲁迅又在该刊第4卷第5期发表了《狂人日记》。于是，中国现代文学迈出了艰辛的第一步。

就古今抒情诗文检查起来，最多见的是发抒感慨的文章。抒情文是以情为内容的，所谓情，有喜、怒、哀、乐、恐怖，有崇高、幽美、滑稽、悲壮等等。我曾想按照情的种类，把从来的抒情的诗文来分配辑集，结果除滑稽之情的文章另有专书（如笑话）外，发见最多的是抒写感慨的文章。诗集、词集里最多的要算"伤春""悲秋""怀古""有感"一类的题目，文集里常碰到"噫""呜呼"等类的感叹词。

这类感慨的诗文自古为人传诵，甚至现在中学校的国文教本里也选入若干供学生诵读。影响所及，青年人的笔下也染了感慨的色彩，这是值得注意的现象。怪不得胡适氏在《文学改良刍议》❶里要把"不作无病呻吟"列在"八不"之中。

本文想就感慨的文章略做考察。先来谈谈感慨之情的本身。

感慨的情绪成立于今昔的对比，"今不如昔"是一个条件。例如：

> 桓公（温）北征，经金城，见前为琅邪时种柳皆已十围。慨然曰：木犹如此，人何以堪？攀枝执条，泫然流涕。
>
> ——《世说新语》❶

见树之长大而感到种树者自己的年老，今昔对比发生感慨，至于"流涕"。所以感慨的原因，当然不在树之长大而在自己的年老，就是今不如昔。事物的变迁也有今胜于昔的，可是从要感慨的人看来，一定是今不如昔。例如现世的也有比古代进步的事情，但在顽固的老人却对什么都会叹息"世风不古"，"江河日下"，就是这缘故。又例如：一书画家到了老年，就用"人书俱老"（唐孙过庭《书谱》❷语）的印章，落款书"时年八十有五"或"年政九十"，在书画家看起来，年老不但不是可悲事，而且是可夸的事（至少在书画的造诣上是这样），所以不致有感慨了。

感慨的成立由于今昔对比，今不如昔是一个条件。

❶《世说新语》：中国南朝时期产生的一部主要记述魏晋人物言谈逸事的笔记小说。是由南朝刘宋宗室临川王刘义庆组织一批文人编写的，梁代刘峻作注。全书记述自汉末到刘宋时名士贵族的轶闻轶事，主要为有关人物评论、清谈玄言和机智应对的故事。

❷《书谱》：唐朝书法家孙过庭（646-691）的书法理论专著，概括了篆、隶、今草、章草等多种书体的基本特点。此书不仅是著名的书学论著，也是一部法度严谨、气势飞动的草体书法范本。

此外还有一个条件，感慨的情绪往往是退婴的、消极的，对于今不如昔的事实如果有谋恢复求改进的积极的意志，感慨就不会发生。例如：

> 怒发冲冠，凭栏处、萧萧雨歇。抬望眼、仰天长啸，壮怀激烈。三十功名尘与土，八千里路云和月。莫等闲、白了少年头，空悲切。靖康耻，犹未雪。臣子恨，何时灭？驾长车、踏破贺兰山缺。壮志饥餐胡虏肉，笑谈渴饮匈奴血。待从头、收拾旧山河，朝天阙。
>
> ——岳飞《满江红》❶

> 夫难平者事也。昔先帝败军于楚，当此时，曹操拊手，谓天下已定。然后先帝东连吴越，西取巴蜀，举兵北征，夏侯授首；此操之失计而汉事将成也。然后吴更违盟，关羽毁败，秭归蹉跌，曹丕称帝。凡事如是，难可逆料。臣鞠躬尽瘁，死而后已。至于成败利钝，非臣之明所能逆睹也。
>
> ——诸葛亮《后出师表》❷

这两位作者都在忧患之中，眼前都是"今不如昔"，可是他们的语气中虽有悲愤，却没有感慨。因为他们有积极的意志，"待从头、收拾旧山河"，"鞠躬尽瘁，死而后已"，在有这样意志的人，感慨的情绪是无从乘隙而入的。试再看下例：

❶《满江红》：南宋大英雄岳飞创作的一首词。它表现了作者抗击金兵、收复故土、统一祖国的强烈的爱国精神，流传很广，深受人民的喜爱。

❷《后出师表》：三国时蜀汉建兴六年（228）诸葛亮二次伐魏前给蜀后主上的表章，为了与建兴五年春第一次北伐前所上表疏区别，后人题曰《后出师表》。

《哀江南》

（北新水令）山松野草带花挑，猛抬头秣陵重到。残军留废垒，瘦马卧空壕。村郭萧条，城对着夕阳道。

（驻马听）野火频烧，护墓长楸多半焦。山羊群跑，守陵阿监几时逃？鸽翎蝙粪满堂抛，枯枝败叶当阶罩。谁祭扫？牧儿打碎龙碑帽。

（沉醉东风）横白玉八根柱倒，堕红泥半堵墙高。碎玻璃瓦片多，烂翡翠窗棂少。舞丹墀燕雀常朝。直入官门一路蒿，住几个乞儿饿殍。

（折桂令）问秦淮旧日窗寮——破纸迎风，坏槛当潮，目断魂消。当年粉黛，何处笙箫？罢灯船，端阳不闹；收酒旗，重九无聊。白鸟飘飘，绿水滔滔。嫩黄花有些蝶飞，新红叶无个人瞧。

（沽美酒）你记得跨青溪半里桥？旧红板没一条。秋水长天人过少。冷清清的落照，剩一树柳弯腰。

（太平令）行到那旧院门，何用轻敲？也不怕小犬哔哔。无非是枯井颓巢，不过些砖苔砌草。手种的花条柳梢，尽意儿采樵。这黑灰是谁家厨灶？

（离亭宴带歇指煞）俺曾见金陵玉殿莺啼晓，秦淮水榭花开早。谁知道容易冰消？眼看他起朱楼，眼看他宴宾客，眼看他楼塌了！这青苔碧瓦堆，俺曾睡风流觉，将五十年兴亡看饱。那乌衣巷不姓王，莫愁湖鬼夜哭，凤凰台栖枭鸟。残山梦最真，旧境丢难掉。不信这舆图换稿。诌一套《哀江南》，放悲声唱到老。

————《桃花扇❶·余韵》

❶《桃花扇》：清初作家孔尚任创作的一部传奇剧本，是以侯朝宗和李香君坚贞不屈的爱情故事为线索，并把他们爱情生活上的波折与国家兴亡的命运结合起来，实际上是以生花之妙笔，写亡国之痛剧，抒发了崇高的爱国主义情怀。

这是明亡后《桃花扇》的作者借了苏昆生的口唱出来的曲子，是写故国之感的有名的文章。把许多事物今昔对比，都显出着"今不如昔"。全体看不见一些些的积极的意志，只觉得"无可奈何"。明亡以后，谋恢复的人不少，在史可法、郑成功、张苍水等有积极意志的人的笔下，怕不会有这样以感慨始以感慨终的文字吧。

感慨是一种"无可奈何"的情怀，大至兴亡之感，小至时序之感，都一样。关于"春去"，可有两种说法，有人在立夏前一日的深晚，说"未到晓钟犹是春"（贾岛句），有人在春光尚好的时候却说"雨横风狂三月暮，门掩黄昏，无计留春住。泪眼问花花不语，乱红飞过秋千去"（欧阳修词），前者并不感慨，后者才是感慨。

感慨之中有一种，是由把人和大自然相对比而发生的。人和自然的对比，会感到自己渺小，也会觉得无可奈何，抑灭积极的意志，自然发出感慨来。例如：

> 前不见古人，后不见来者。念天地之悠悠，独怆然而涕下。
>
> ——陈子昂《登幽州台歌》❶

客有吹洞箫者，倚歌而和之。其声呜呜然，如

❶《登幽州台歌》：唐代诗人陈子昂的作品。这是一首吊古伤今的生命悲歌，从中可以看出诗人孤独遗世、独立苍茫的落寞情怀。此诗通过描写登楼远眺，凭今吊古所引起的无限感慨，抒发了诗人抑郁已久的悲愤之情，深刻地揭示了封建社会中那些怀才不遇的知识分子遭受压抑的境遇，表达了他们在理想破灭时孤寂郁闷的心情，具有深刻的典型社会意义。

怨如慕，如泣如诉。余音袅袅，不绝如缕。舞幽壑
之潜蛟，泣孤舟之嫠妇。苏子愀然，正襟危坐而问
客曰："何为其然也？"客曰："'月明星稀，乌鹊
南飞'，此非曹孟德之诗乎？西望夏口，东望武昌，
山川相缪，郁乎苍苍，此非孟德之困于周郎者乎？
方其破荆州，下江陵，顺流而东也，舳舻千里，旌
旗蔽空，酾酒临江，横槊赋诗，固一世之雄也，而
今安在哉？况吾与子渔樵于江渚之上，侣鱼虾而友
麋鹿。驾一叶之扁舟，举匏尊以相属。寄蜉蝣于
天地，渺沧海之一粟。哀吾生之须臾，羡长江之
无穷。挟飞仙以遨游，抱明月而长终。知不可乎骤
得，托遗响于悲风。"

——苏轼《赤壁赋》

　　这种感慨比较玄妙，在寻常人看来，也许可以说
是"事不干己"。如果把自己认作大宇宙大自然的一部
分来看，谁也会觉得自己的渺小、孤独，起无可奈何
之感。一般所谓"怀古"的文章，那情怀和这颇有相
通的地方。如：

　　六代豪华，春去也，更无消息。空怅望、山川
形胜，已非畴昔。王谢堂前双燕子，乌衣巷口曾相
识。听夜深、寂寞打孤城，春潮急。
　　思往事，愁如织。怀故国，空陈迹。但荒烟衰
草，乱鸦斜日。《玉树》歌残秋露冷，胭脂井坏寒
螀泣。到而今、只有蒋山青，秦淮碧。

——萨都拉《满江红·金陵怀古》❶

❶ 萨都拉：即萨都剌
（约 1272-1355），元代
诗人、画家、书法家，
代表作有《雁门集》
《寒夜闻角》等。《满江
红·金陵怀古》：一首
咏史名作，写得意境深
沉，感情浓烈；抒情写
景，遣词用句，都达到
很高的境界。在对山
光水色的描写中，作
者抒发了无限的感慨，
强调了人事与自然的
对立，在对立中寻求
永恒。

越王勾践破吴归，战士还家尽锦衣。宫女如花满春殿，至今惟有鹧鸪飞。

——李白《越中怀古》❶

这种感慨也由今昔对比，觉得今不如昔而生。但这所谓"昔"，远在数百年或数千年，对于作者亦可说"事不干己"的。这时作者的情怀另有一种，就是把自己短短的生命投入在无限的时间的大流里，于是数百年、数千年前的盛况，好像和自己也有过关系似的，这才抚今追昔，生出感慨来。

感慨文章中所含有的感情，分析起来似乎就不过上面所说的几种。无论哪一种，其性质都是退婴的、消极的、无意志的。如果以现实的人生为标准评价起来，那种自己觉得渺小、孤独，觉得无可奈何的心情是害多利少的。感慨的结果原也可引起积极的情怀，如有感于年龄已老，益思效力于国家社会，目睹世事日非，发心改革恢复，悟到人生的无常，就去积极地做宗教上的修证等等，古今原有其人。但这时感慨的情怀已被破坏变质，感慨早已不复存在了。所以就感慨的本质说，完全是退婴的、消极的、无意志的东西。

感慨之情的性质大约如上面所说。次之，再来看看感慨文章中发抒感慨的方法。文章发抒感慨，不消说有种种技巧，种种方式。我觉得归纳起来只有一个法则，就是把时间郑重点出。这法则并不是偶然的，因为感慨之情原由今昔对比觉得"今不如昔"才发生，所以时间观念与感慨之情就有密切的关系。凡是感慨文章，记述事物的变迁，都把时间郑重点出。如：

　　昔我往矣，杨柳依依。今我来思，雨雪霏霏。行道迟迟，载渴载饥。我心伤悲，莫知我哀。
　　　　　　　　——《小雅·采薇》❶

　　于我乎，夏屋渠渠，今也每食无馀，于嗟乎不承权舆。
　　　　　　　　——《秦风·权舆》❷

　　朱雀桥边野草花，乌衣巷口夕阳斜。旧时王谢堂前燕，飞入寻常百姓家。
　　　　　　　　——刘禹锡《乌衣巷》❸

　　今日忽开此书，如见故人。因忆侯在东莱静治堂，装卷初就，芸签缥带，束十卷作一帙，每日晚吏散，辄校勘二卷，跋题一卷。此二千卷有题跋者五百二卷耳。今手泽如新而墓木已拱，悲夫！
　　　　　　　　——李清照《金石录后序》❹

　　嘻！余之手橐也。亡之且二十年矣。余少时尝有志乎兹事，得国本，绝人事而橐得之，游闽中而丧焉。居闲处独，时往来余怀也，以其始为之劳而凤好之笃也。今虽遇之，力不得为已，且命工人存

❶《小雅·采薇》：出自《诗经》，是一首戍卒返乡诗。诗歌表现了将征之人的思家忍苦之情，并将这种感情放在对景物的描写及对军旅生活的述说中来表现。

❷《秦风·权舆》：出自《诗经》，描写了一个没落贵族的生活变化，表现了他对往日生活的留恋和对现实生活的不满，而在其沉重的叹息中，更感到了时代在发生着的变化。

❸《乌衣巷》：唐代诗人刘禹锡写的一首抚今吊古的诗。

❹《金石录后序》：《金石录》倾注了宋代词人李清照与其夫赵明诚心血的巨著，著录了他们所收藏的夏、商、周三代至隋、唐、五代金石拓片二千种，为目录10卷、辨证20卷、跋102篇。《金石录后序》是李清照在其夫赵明诚去世后作的序。

其大都焉。

——韩愈《画记》

这些例里的"今""昔""旧时"等字，都是用来点出时间的，以前所举的诸例，差不多也都有这类点出时间的字面。偶然有表面上不说出时间的，实际暗中仍有时间观念。如：

夫天地者万物之逆旅，光阴者百代之过客，而浮生若梦，为欢几何？

——李白《春夜宴桃李园序》❶

寥落古行宫，宫花寂寞红。白头宫女在，闲坐说玄宗。

——元稹《行宫》❷

"浮生若梦"就是说"人生短促"，"为欢几何"就是说"为欢不久"；"白头宫女"是尚存的"今人"，"说玄宗"是"话旧"。前者是人和宇宙的对比，后者是今昔的对比，时间的观念仍是存在的。

事物的变迁，于时间的关系以外，原还有空间的关系。似乎空间的对比，也可发生感慨，如见"王孙泣路隅"，见名人的藏书摆在摊肆上，都会引起感慨。但细按之，这也可以用时间的关系来说明，仍可以说是"今不如昔"。因为在同一时间中，不会发生空间上

❶《春夜宴桃李园序》：唐代诗人李白所写，这篇文章主要在说李白和其诸弟相聚一同歌唱一同饮酒的情景，深刻地表现出天伦之乐和兄弟之情。

❷《行宫》：唐代诗人元稹的一首抒发盛衰之感的五言绝句。这首短小精悍的五绝具有深邃的意境，富有隽永的诗味，倾诉了宫女无穷的哀怨之情，寄托了诗人深沉的盛衰之感。

的变动，一切空间的举动，就是有时间关系的。用时间可以说明一切的事物变动。有些情形用空间是不能说明的，如前面所引的桓温对柳树流涕的情怀，就不能用空间来说明。所以我只认点明时间为发抒感慨的方式。前人的诗品、词品或文品，大都依情感的种类来品定诗和词的风格，他们也常讲到感慨之情。试举一二则来证明我的话吧。

> 人生一世，能无感焉？哀来乐往，云浮鸟仙。铜驼巷陌，金人岁年。铅水迸泪，鹍鸡裂弦。如有万古，入其肺肝。夫子何叹？唯唯不然。
>
> ——郭麐❶《词品·感慨》

> 旧地重来，亭台成薮。禾黍秋风，斜阳疏柳。江山今古，日月飞走。鸿雁归来，言念我友。烈士穷途，美人不偶。击碎唾壶，何堪回首！
>
> ——许奉恩❷《文品·悲慨》

❶ 郭麐（1767-1831）：清初诗人，著有《灵芬馆诗初集》《江行日记》《樗圃消夏录》《灵芬馆诗话》等。

❷ 许奉恩：生卒年不详，约清穆宗同治初前后在世，《文品》三十六则，乃仿效唐人《二十四诗品》之作（四言诗形式）。

十　议论文

第一节　议论文的①意义

发挥自己的主张，批评别人的意见，以使人承认为目的的文字，称为议论文。

记事文是记述事物的状态、性质的，叙事文是叙述事物的变化的，议论文和它们截然不同，很是明显；最易混同的就是说明文。

说明文关于剖释事理的部分，和议论文很有容易混淆的地方。因为对于一事的内容，真是说得极详尽；那么②，它的价值怎样？我们对于它应持的态度怎样？都可不言而喻，用不到再加议论了。例如：把"社会主义"的意义、功用、优劣等都说到详尽无余；那么，社会主义的可行不可行自然非常明了。又如：将"教育"的含义，尽量发挥；那么，教育应该怎样？人人应否受教育？也自然可以不必再说，就很明白。

照这样说来，议论文和说明文不是没有差别了吗？这又不然，第一是目的不同。说明文的目的是在使人有所知，议论文不但要使人有所知，还要有所信。

第二是性质不同。试就两者的题式看，就可明了。说明文大概用单语为题。如"社会主义""教育""新生活"之类。议论文则用一个命题为题，如"社会主义可行于中国""教育为立国的根本""现在应当提倡新生活"之类。一般议论文的题目，虽也有只用单语的，如"男女同学论""孔子论"等，但不过是形式的省略，若从文章的内容去考察，便知仍是一命题。因为文中不是主张"男女应当同学"，便是主张"男女不应当同学"，不是说"孔子之道已不适于中国"，就是说"孔子之道仍当遵从"。议论文的题目原是文章的根本主张的概括的缩写，所以表面虽是单语，内容依然是命题。

第三是态度不同。说明文比较地偏于客观的，所以虽有时因各人的见解不同，不能人人一致，也有敌论者，但作者并不预计的。议论文却恰好相反，实际

★ 议论文的题目原是文章的根本主张的概括的缩写，所以表面虽是单语，内容依然是命题。

119

上虽未必就有人反对，作者心目中概假定有敌论者立在前面。因为若一切都成了定论，和数学上的公式一样，本来就无议论的必要了，"男女同学"所以还有议论的必要，正因有人主张也有人反对。

议论文虽和说明文不同，但议论文中用说明文的地方很多。因为没有说明作基础，判断很不容易下，例如要主张"男女应当同学"，那么，教育的意义和男女的关系等，都非先加以说明不可；试就下例玩味一下就更可明了了。

> ……但是到了现在，关于女子和文学的观念全然改变了。文学是人生的或一形式的实现，不是生活的附属工具，用以教训或消遣的；它以自己表现为本体，以感染他人为作用。它的效用以个人为本位，以人类为范围。女人则为人类一分子，有独立的人格，不是别的什么附属物。我们在身心状态的区别上，承认有男子、女子与儿童的三个世界，但在人类之前都是平等。与男女的成人世界不同的儿童，世间公认其一样地有文学的需要，那么在女子方面这种需要自然更是切要，因为表现自己的与理解他人的情思，实在是人的社会生活的要素；在这一点上，文学正是唯一的修养了。
>
> ——《女子与文学》❶

❶《女子与文学》：作者为周作人（1885－1967），现代著名散文家、文学理论家，代表作有《谈龙集》《瓜豆集》《知堂回想录》等。《女子与文学》在分析了个人与人类或社会的关系和"个人主义与人道主义无非是一物的两面"的基础上，认为被"因袭的消极的思想足为妨害"的女性更需要文学，文学在消除女性"不为他人所理解，也不要能理解他人"的"缺陷"方面"可以有很大的效用"。

第二节 命题

断定用言语或文字表示出来称为命题。议论文实际上就是对于所提出的命题所给的证明——有必要的时候，还加上相当的说明——所以命题是议论文的根本。命题是一个完全的句子（sentences），但一个完全的句子除了表明语句（indicative）外，疑问语句（interrogative）、命令语句（imperative）、愿望语句（optative）、惊叹语句（exclamatory）都不是命题，因为所表示的都不是一个断定，用不到证明。

命题从性质上说，有肯定和否定两种：

（甲） 竞争运动应该废止——肯定命题
（乙） 竞争运动不应该废止——否定命题

在理论上只有这种形式的句子可以作为议论文的题目，但实际上常有不照这样直写的；（甲）（乙）二项，可有下列各种格式：

甲 { 竞争运动应该废止
竞争运动废止论
排竞争运动
论竞争运动

乙 { 竞争运动不应该废止
竞争运动奖励论
竞争运动应该保存
竞争运动的存废

论题本应是一个命题，就是一个完全的表明语句，但题目除表示论文的主旨外，有时还含有刺激读者的

★ 议论文实际上就是对于所提出的命题所给的证明——有必要的时候，还加上相当的说明——所以命题是议论文的根本。

121

作用。所以如："女子不该参政吗？""文化运动不要忘了美育。""异哉所谓国体问题！"等形式的题目都有；但实际上不过是从"女子应当参政""文化运动应当注意美育""非国体问题"变化出来的。

★ 作议论文的第一步，就是认定自己所要提出的命题。命题确定了，然后加以证明。

作议论文的第一步，就是认定自己所要提出的命题。命题确定了，然后加以证明。所要注意的，就是保持论点，不要变更，使议论出了本命题范围以外。例如"论莎士比亚的文学"，应当只从文学本身立论，不应该牵涉他幼时窃羊的事情，因为文学和作者的幼时道德各不相关。如果要牵涉，就应当先证明两者的关系；必要使人承认幼时道德不好的，长大了也无好文学；然后议论才立得住，不然总是谬论。这种毛病在批判别人的主张的时候很多，往往以攻击私人为压倒对手的武器。其实就是对手果然因为私德上受指斥不敢再答辩，也不是他的主张失败的证据。

第三节　证明

命题既经认定，就应当加以证明，证明可分两种。

（一）直接证明　即是对于一种主张，找出积极的理由来证明。例如：

孟子曰："不仁哉梁惠王也！仁者以其所爱，及其所不爱；不仁者以其所不爱，及其所爱。"公孙丑曰："何谓也？""梁惠王以土地之故，糜烂其民而战之；大败，将复之，恐不能胜，故驱其所爱子弟以殉之。是之谓：以其所不爱，及其所爱。"

——《孟子·尽心》

这篇的主旨是说梁惠王❶不仁，而用"以其所爱，及其所爱"的事实来证明。

（二）间接证明　就是所谓反证，对于一种主张，先证明对方的谬误，使自己所说的牢固。例如：

……孟子曰："世俗所谓不孝者五：惰其四支，不顾父母之养，一不孝也；博弈，好饮酒，不顾父母之养，二不孝也；好货财，私妻子，不顾父母之养，三不孝也；从耳目之欲，以为父母戮，四不孝也；好勇斗很，以危父母，五不孝也：章子有一于是乎？"

——《孟子·离娄》

这篇的主旨是说匡章❷是孝子，而用他没有不孝的事实来证明。

大概，发表自己的主张，不能不有直接的证明；反驳他人的议论，间接证明最有用。例如，有人主张"足球应当废止"。他所持的理由是"足球危险"，就可用间接证明法反驳如下：

❶ 梁惠王：即魏惠王（前400-前319），全谥为魏惠成王，在《孟子》一书中又称为梁惠王，《庄子》中称文惠君。战国时期魏国的第三代君主，在位期间为前370年-前319年。魏武侯之子，生于魏文侯四十七年（前400）。

❷ 匡章：也叫章子、匡子，战国时齐将。齐威王时，曾率军打退秦国的进攻。公元前314年（齐宣王六年），乘燕国内乱，率兵十万，从渤海进发，五十日，直破燕都。后二年，在濮水上游抵御秦军，失利。齐湣王即位，联合韩、魏攻打楚国。匡章在楚沙（今河南唐河西南）大败楚军，杀楚将唐昧。

足球危险，不错。但是，世间危险的事情很多，火车也危险，飞机也危险。如果因为危险就应当废止，那么，火车、飞机也应当废止了；这是很不合理的。

用这种反驳法应当要注意对手的论点变更。若主张"足球应当废止"的人，因为这个驳议而声明说："火车、飞机虽危险，但有用它们的必要，非足球可比的。"他的根据已全然变更了，最初的理由是"足球危险"，后来的理由是"足球危险而且非必要"，所以应当认为新论。

第四节　演绎法、归纳法和类推法

演绎法、归纳法和类推法，是论证的基本方法。要知道详细，须求之于论理学，这里所讲的只是一个大概。

（一）演绎法❶　用含义比较广阔的命题做基础来论证含义较狭的命题，这是演绎法。例如：

> 学校的功课都应当注意学习，——大前提
> 音乐是学校的功课，——小前提
> 故音乐应当注意学习。——断案

这是演绎法最基本的形式，通常称为三段论式；

❶ 演绎法：从普遍性结论或一般性事理推导出个别性结论的论证方法。是演绎推理在议论文中的运用。在演绎论证中，普遍性结论是依据，而个别性结论是论点。演绎推理与归纳推理相反，它反映了论据与论点之间由一般到个别的逻辑关系。

是用含义较广的"学校的功课都应当注意学习"和"音乐是学校的功课"两个命题来证明"音乐应当注意学习"的命题。上列的顺序是论理上的通常的排列法；在文字或语言上，常有变更。试以上式为例：

（1）学校的功课都应当注意学习"的"，（大）音乐"既"是学校的功课，（小）所以音乐"也"应当注意学习。（断）

（2）学校的功课都应当注意学习"的"，（大）所以音乐"也"应当注意学习"呀"，（断）"因为"音乐"也"是学校的功课。（小）

（3）音乐"既"是学校的功课，（小）学校的功课都应当注意学习"的"，（大）音乐"也就"应当注意学习"了"。（断）

（4）音乐"既"是学校的功课，（小）音乐"就"应当注意学习，（断）"因为"学校的功课都应当注意学习"的"。（大）

（5）音乐应当注意学习"呀"！（断）"因为"学校的功课都应当注意学习，（大）音乐"也"是学校的功课。（小）

（6）音乐应当注意学习"的"，（断）音乐"既"是学校的功课，（小）学校的功课都应当注意学习"啊"。（大）

引号内的字是为句子的顺畅附加的，因为无论在文字上或语言上，常常不一定用很质朴的表明语句。大前提、小前提和断案不但排列的顺序可以变更，常

★　大前提、小前提和断案不但排列的顺序可以变更，常常还有省略。

常还有省略。例如：

（1）学校的功课都应当注意学习，（大）音乐"也"是学校的功课"呀"！（小）

（2）音乐"既"是学校的功课，（小）音乐"岂不"应当注意学习"吗"？（断）

（3）学校的功课都应当注意学习"的"，（大）音乐"就"应当注意学习"了"。（断）

（4）音乐"既"是学校的功课，"就"应当注意学习。

（5）学校的功课都应当注意学习，音乐自然不是例外。

★ 只要意义能够明白，在文章上排列变更，要素省略都无妨。

只要意义能够明白，在文章上排列变更，要素省略都无妨。为了文章辞调的关系将命题的形式改换也是必要。但若要检查议论的正否，却须依式排列。例如：

（1）桀纣之失天下也，失其民也。

——《孟子·离娄》

（2）天子不能以天下与人。

——《孟子·万章》

（3）他不用功，故要落第。

这些议论若要施以检查，须将省略的补足，成一完全的三段论式如下：

（1）失天下者失其民者也，

126

桀纣失天下者也，

故桀纣失其民者也。

（2）天子不能以天下与人，

尧为天子，

故尧不能以天下与人（舜）。

（3）不用功的学生都要落第，

他是不用功的学生，

故他要落第。

演绎法的议论，全以两前提做基础，所以如前提中有一不稳固，全论就不免谬误。如前例第三个论式：

不用功的学生都要落第，

他是不用功的学生，

故他要落第。

这论式中，大前提就不甚稳当，因为世间尽有天资聪明、不用功而可以不落第的学生。

世间原难有绝对的真理，所以就是论式各段都无误，也不是就没有辩驳的余地。不过各段的无误，是立论的必要条件，若没有这条件，议论的资格都没有了。

〔练习〕试把下列各议论，补足成三段论式，并检查是否谬误：

①试验使学生苦痛，故应废止。

②我国有广大的土地，岂有亡国之理。

★ 演绎法的议论，全以两前提做基础，所以如前提中有一不稳固，全论就不免谬误。

演绎法的两个前提，原是立论的根据，假若对于一前提不易承认，还须别的三段论法，把这前提来证明。例如要论证"人类必须有教育"的一个命题，假定是用下列的论式：

> 人类须有知识，——小前提
> 知识由教育而得，——大前提
> 故人类必须有教育。——断案

这论式中的小前提，实在是很有疑问的，所以必须再加以证明如下：

> 生存须有知识，——大前提
> 人类要生存，——小前提
> 故人类须有知识。——断案

倘使这论式中的前提，还有疑问，那么非再加以证明不可；繁复的议论文大概就是由许多三段论法联合成的。

〔练习〕试补成下列的论式：

> 凡人因非全知全能，皆有缺点，故孔子虽圣人也有缺点。

（二）归纳法❶ 归纳法和演绎法恰好相反，是集合部分而论证全体的论法。例如用演绎法证明"某人是要死的"，其论式如下：

❶ 归纳法：有时叫做归纳逻辑，是从个别性知识引出一般性知识的推理，是由已知真的前提引出可能真的结论。

凡人都是要死的，——大前提

某人是人，——小前提

故某人是要死的。——断案

这例中的大前提"凡人都是要死的"的一个命题是否真实，如果要加以证明，也可用下列的演绎法的论式：

凡生物是要死的，——大前提

人都是生物，——小前提

故凡人都是要死的。——断案

对于这个论式的大前提"凡生物是要死的"的一个命题，若还有疑问，须加以证明，那就不是演绎法所能胜任的，非用归纳法不可了。论式如下：

牛是要死的，马是要死的，羊是要死的，草是要死的，树是要死的……袁世凯死了，西施死了，我的祖父母死了……

牛、马、羊、草、树，……袁世凯、西施、我的祖父母……都是生物。

故生物是要死的。

这式的两前提都是以经验所得的部分集合起来，由此便得到"生物是要死的"的结论。

归纳法中有两个应当遵守的条件：

1. 部分事件的集合须普遍而且没有反例；

2. 有明确的因果关系。

★　归纳法中有两个应当遵守的条件：1. 部分事件的集合须普遍而且没有反例；2. 有明确的因果关系。

129

这两个条件如果能满足一个，大概可以认为没有错误。用例来说：

（1）有角动物都是反刍动物。

在这例中，"有角"和"反刍"有没有原因结果的关系，这在现在的科学上还没有证明，所以不能满足第二个条件；但有角的动物如牛，如羊，如鹿等都是反刍的，并且没有反例，即有角而不是反刍的动物可以举出，这就满足第一个条件；而可认为正确的了。

（2）有烟的地方必定有火。

这例中的"烟"同"火"是有因果关系的，满足了第二个条件，所以就是不遍举事例，也可认为正确。

（3）文化高的国民都是白皙人种。

这例虽可举出英、美、德、法等国民来作例证，但有印度中国等反例可举，不满足第一个条件。并且，明确的因果关系也没有，又不满足第二个条件。这样的归纳便是谬论。

最有力的归纳论，是第一、第二两个条件都能满足的；因为事例既普遍而无相反的例可举，原因结果的关系又极明了，自然不易动摇了。所应注意的，有无反例可举，和人的经验有关系；就现在所经验的范围虽无反例，范围一旦扩大，也许就遇见了反例；所以归纳法所得的断案常是盖然的。但原因结果的关系，既已明确，就有反例可举也不能斥为谬论；这只是原因还没完全举出，或反例另有原因的缘故。例如：

居都市的人比居乡村的人来得敏捷。

这就是生活状况的不同，一是刺激很多，一是清闲平淡，可以将原因结果的关系说明的；虽有一二反例，必定别有原因存在，对于原论并不能动摇。

〔练习〕就下列各命题，广举事例且说明其因果关系：

①文化从海岸起始。
②卜筮不足信。
③健康为成功之母。

（三）类推法❶　根据已知的事例而推断相类的事例的方法，这是类推法。例如：

地球是太阳系的行星，有空气，有水分，有气候的变化，有生物。——已知的事例
火星是太阳系的行星，有空气，有水分，有气候的变化。——相类的事例
故火星有生物。——断案

❶ 类推法：通过不同事物的某些相似性类推出其他的相似性，从而预测出它们在其他方面存在类似的可能性的方法。

类推法应用时须遵守下列的两条件：

1. 所举的类似点，须是事物的固有性，而不是偶有性；

2. 被推的事物须不含有与断案矛盾的性质。例如：

（1）孔子与阳虎同是鲁人，同在鲁做官；若依了这些类似点，因孔子是圣人就推断阳虎也是圣人，这便犯了第一个条件；因为这些类似点都是偶有性。

（2）甲乙二鸟，声音、大小、形色都相同。但乙鸟的翅曾受伤折断；若依类似点因甲善飞就推断乙也善飞，这便犯了第二个条件，因为翅的折断和善飞，性质是矛盾的。

〔练习〕

人披毡子则温暖，将毡子包冰，则冰反不易化；试就类推法说明。

第五节　证据的性质分类

判断一件事，总是以经验做根据，而依前两节所举的方法找出证据来。由性质上，证据有种种的不同，分述如下：

（一）因果论❶　因果论又名盖然论，是根据了

❶ 因果论：也称因果定律或因果法则，是指任何事物的产生和发展都有一个原因和结果。一种事物产生的原因，必定是另一种事物发展的结果；一种事物发展的结果，也必定是另一种事物产生的原因。原因和结果是不断循环，永无休止的。

"同样的原因必生同样的结果"的假定，以原因证明结果。例如：

（1）某人平日品行方正（原因），这次的窃案大概和他没有关系（结果）。

（2）他作文成绩素来很好（原因），这次成绩不良，大概是时间局促的关系（结果在预想之外因为别有原因）。

这都是因果论，普通所谓议论，大概是这类最多。因果论所以又名盖然论，就是因为这种议论并不是确切可靠。对于同一事件，往往可做正相反对的因果论，即如前例的：

（1）某人平日品行方正（原因），这次的窃案大概和他没有关系（结果）。

对于这一个因果论也可做正反对的第二个因果论：

（2）某人近来很穷（原因），或不得已而窃盗（结果）。

这两个因果论，可以同时发生，在这时候，要决定究竟哪一个成立，实是一件很难的事。就是能够证明某人真是渴不饮盗泉的丈夫，但仍不能将（1）确立而推翻（2），因为还有第三个、第四个乃至无穷个因果论可以发生。即如：

（3）某人的母亲病得很危险，他正困于医药费（原因），或竟至于窃盗（结果）。

这个因果论更为有力，某人品行既好，当然有孝行，对于母亲的病自是要想尽办法去医治；那么，急不暇择，也是人情。

从这例看来，可知因果论是个确度很小的论法。所以，用这个论法的时候，通常须用"大概""或"等推量的语气，万不可取断定的态度。

但因果论虽不是充足的可靠的议论，却是必要的很有价值的。所以无论何种议论，至少非有一个因果论的证据不可。否则，即使别的证据很多，也不可靠。例如甲有杀乙的嫌疑时，假定有下列各种证据：

（1）乙被杀时，甲确不在家。

（2）甲家有带血迹的刀。

（3）甲的衣上有血。

这类的证据无论有多少，假定甲所以要杀乙的原因一点不明白的时候，依然毫不足凭，而不能据以断定甲是杀乙的。如果能求得下列的事实的一种或一种以上，那就可以认甲为杀乙的嫌疑者。所以仅一因果论的证据虽不足恃，若与别的证据联合起来，就成有价值的论法了。假定所得的事实如下：

（1）甲曾因金钱关系与乙有仇。

（2）甲和乙前几天曾打架而被打伤。

（二）例证论　将和结论相同的事例，引来做议论的证据，叫做例证论。例如：

（1）某人身体原很弱，因从事运动，今已健康（事例）；所以运动是有益于健康的（结论）。

（2）甲学生很用功及了格，乙学生不用功落了第（事例）；所以要及格非用功不可（结论）。

（3）投石于水，就沉下去，投木片于水，则浮在上面（事例）；可知轻的东西是浮的，重的东西是沉的（结论）。

这都是例证论。例证论以部分来推全体，或以甲部分来推乙部分。前一种是归纳法的，归纳的法则应该严重遵守；后一种是类推法的，类推的规则切不可犯。除此以外还有几个条件应当特别注意：

（甲）人事和物理的不同　前例中（1）和（2）是人事；（3）是物理。物理以物为对象，物质界是有普遍的法则可寻的，所以大概可以说有一定。甲石沉了，乙石也沉了，可以说凡石都要沉的；甲木浮起，乙木也浮起，可以说凡木都要浮起。但人事界的现象，却没有这样的简单。甲从事运动身体健康了，乙从事运动或反而生病；因为体质、情形都不一定相同，结

★ 例证论以部分来推全体，或以甲部分来推乙部分。

135

果不一定同也是应该的。丙不用功幸而不落第，就以为不用功可以不落第；某人买彩票发财，就去买；某人的阿哥的学问好，就以为他的学问也好；这些谬误，都是一类。

（乙）"假定"不能做例证　例证须是事实，"假定"做不来例证。世间往往有以"假定"做例证而应用例证论的。例如：

（1）精神一到，何事不成（假定）；凡毕业颠沛流离的，都是精神不振作的缘故（结论）。

（2）他如果就了商业，已经可以做商店的经理了，何至穷得这样（假定）；所以读书不如经商（结论）。

★ 例证须是事实，"假定"做不来例证。

（1）例中，事的成不成非做了以后不能晓得的；（2）例中，经商能不能就做商店经理，而不穷困，也要经了商才可知道的。只悬揣了一个假定；再从这假定立了脚来推论，即使常识上通得过去，总不可靠。

（三）譬喻论　譬喻论和例证论相似，不过例证论是引用和结论相同的事例做证据，譬喻论是引用和结论相似的事例做证据。例如：

（1）加热于蒸汽机关，则机关运转，故热可转成运动。（例证论）

（2）好像蒸汽机关的运转上需石炭的样子，生

物在生活上也需食物。（譬喻论）

譬喻论中所最要紧的，就是两方面的类似的关系。譬喻要得当，就是两方面中，各自所存有的关系要有适当的关连。试就上例分解如下：

（1）蒸汽机关的运转上，要发热的东西（石炭），故运动要有发热的东西。（归纳的例证论）

（2）运动要有发热的东西，故生物的运动（生活）也要有发热的东西（食物）。（演绎的因果论）

适当的譬喻，照上面的样子分解起来例证论和因果论间一定有相当的可以存在的关系。假如其中有一式错误，譬喻论的全体，也就要错误。今示误谬的例于下：

浙江人比湖南人好，好像浙江绸比湖南绸好一样。

这种譬喻论的谬误是谁都晓得的。所以谬误的原因在哪里呢？试分解一下就晓得了：

（1）浙江绸比湖南绸好，所以浙江的一切比湖南的一切好。（归纳的例证论）

（2）浙江的一切比湖南的一切好，所以浙江人比湖南人好。（演绎的因果论）

这二式中，（1）的例证论明明不合归纳的法则，事例既不普遍，因果关系也不明确，要举反例，不论

★ 譬喻论中所最要紧的，就是两方面的类似的关系。譬喻要得当，就是两方面中，各自所存在的关系要有适当的关连。

多少都可以举出，如湖南的夏布就比浙江的好之类。（2）的演绎式的大前提既谬误，断案当然也靠不住了。就是分解起来，（1）的归纳式不错，而（2）的演绎式错了，也一样地靠不住。

检查譬喻论的方法除将它分解以外，还有一种，就是审察两面的关系类似不类似。就前例说："浙江绸"和"湖南绸"的关系，与"浙江人"和"湖南人"的关系，全不类似。不类似的关系当然不能譬喻的。至于"蒸汽机关"和"石炭"的关系，同"生物"和"食物"的关系，就是类似的了。

譬喻论，我国古来用的很多，现在也着实有不少的人用它，讥诈百出，最易使人受欺；大宜注意辨别。

〔练习〕试指出下列各譬喻论正否：

　　①国之有海军与陆军，犹鸟之有两翼；缺一不可。

　　②政府之不必使人民与闻政治，犹父母之不必问家事于子女。

　　③一矢易折，集数矢则难折；人也是这样，孤立易败，协力则无敌。

（四）符号论　符号论和因果论恰相反，因果论是从原因推证结果；符号论是从结果推证原因。例如：

　　（1）某人没有一定的职业，应当很穷。（因果论）

★　检查譬喻论的方法除将它分解以外，还有一种，就是审察两面的关系类似不类似。

（2）某人到了严冬还穿夹衣，可见他很穷。（符号论）

符号论是以实际的形迹（符号）来证明所论的真确的。见学生上课时在讲堂中睡眠，说教师不能引起学生的兴味；见水的结冰，说大气的温度在冰点以下；见日本打胜了俄国，说日本比俄国文明程度高；这都是符号论。通俗所谓"理由"的，大概是因果论；所谓"证据"的，大概是符号论。

因为同一事实，可以由种种的原因发生，所以符号论虽是由结果而推论原因的议论，也是不完全可靠。例如：

（1）学生上课时在讲堂中睡眠，足见教师不能引起学生的兴味。

这议论也可有别种的说法：

（2）学生上课时在讲堂中睡眠，足见学生不十分注意学业。

（3）学生上课时在讲堂中睡眠，足见学校的功课太烦重，学生担负不下。

…… ……

符号论一不小心就容易生出谬误。因为是博士，就崇拜他，说他有学问；因为是孔子说的，就相信它一定不错；因为西洋人也这样那样，所以非这样那样

★ 符号论是以实际的形迹（符号）来证明所论的真确的。

不可；看看报上某商店的广告，就信用某店的货物精良；都是这一类的谬论。

符号论中最可靠的，是那结果只有一种原因可以生出来的时候。例如：

（1）河水结冰了，可知天气已冷到摄氏表零度以下。

这是可靠的议论，因为除了天气已冷到摄氏表零度以下，没有别的原因可以使河水结冰的。但是像：

（2）碗中的水结冰了，可知天气已冷到摄氏表零度以下。

这就不大可靠。因为使碗中的水结冰的原因还有别的；人工的方法就是一个。

就大概说：自然界的现象，符号论大体可靠，一涉到人事，关系非常复杂，用符号论，大须注意。

★ 自然界的现象，符号论大体可靠，一涉到人事，关系非常复杂，用符号论，大须注意。

第六节 各种议论的联络

前节所述的四种议论，各有缺点；所以单独使用，很不可靠。但是若能将二种以上的议论联结起来，就成有力的议论了。例如甲有杀乙的嫌疑时，如果在同一事情，得到下列种种事实，那么甲是嫌疑犯，差不多可以断定了。

（1）甲的性情粗暴（因果）。

（2）甲与乙曾因金钱关系有宿怨（因果）。

（3）某次甲曾用刀和人格斗（例证）。

（4）乙被害时，甲不在家，其时为夜半（符号）。

（5）甲家中有带血的衣服和刀（符号）。

以上是三种议论的联结，若能四种联结，更为可靠。所应注意的，就是因果论和符号论并不全然可靠，至于例证论和譬喻论更只能做补充用，力量很微弱。即以上例来说，虽已有五个证据，但最多只能说甲有嫌疑，至于甲是否杀乙，依然不能断定。所以，关于这一类事实要下判决，非有确实的人证（如当场见到）或物证（如刀与伤口）不可。因此，裁判官只能用各种方法引诱甲自行承认，而不能依自己所得的盖然的证据推断。因为上面的事实，甲和别人血斗，和杀的不是乙，甚或别人嫁祸，（4）和（5）都可以存在的，至于（1）（2）（3）都是已过的事，用做证据本来力量很不大。

* 所应注意的，就是因果论和符号论并不全然可靠，至于例证论和譬喻论更只能做补充用，力量很微弱。

141

第七节　议论文的顺序

文章原无一定的成法，议论文的顺序当然也不能说有一定。以下所说的事项，不过是普通的说法。

（一）命题的位置　议论文原是对于命题的证明，命题当然是议论文的根本。所以命题在一篇文章中应该摆在什么地方；还是先列命题，后来说明呢？还是先加说明，后出命题呢？这实在是一个问题。

在最普通的文章，应该先提出命题，使读者开首就了解全篇主旨所在。若是把文章读了半篇，还不能晓得究竟讲点什么，这类不明晰的文章，普通不能算好的。

先列命题，能使文章明晰，却是有时也不应当先将命题列出：

第一，命题容易引起反对的时候　例如对学校学生主张有神论，或对宗教家主张无神论的时候。倘使先把命题揭出，必致开端就惹起观听者的反对，以后虽有很好的证明，也不足动人了。这种时候，应当先从比较广泛点的地方起首。对学生讲有神论，可先从科学说起，说到科学不可恃，再提出有神论来。对宗教家主张无神论，可先说古来有神论和无神论的派别；

各揭出其优劣，使听者觉得无神论也有若干的根据，然后再提出自己主张无神论的意见。

第二，命题太平凡的时候　例如在慈善会场中演说"人要有慈善心"的时候，若开端先将命题提出，听的人就厌倦了。这种时候，可从"生存竞争的流弊"等说起，使听者感觉慈善的必要，然后再提出本命题来。

（二）证明的顺序　通常因果论应当列在前面，符号论列在最后。因果论若列在最后，就使已经证明的事情和当面的问题无涉。若四种论证都全备的时候，就是（1）因果论、（2）譬喻论、（3）例证论、（4）符号论；这是最普通的。

先列因果论，使读者预❶想有像结论的事实。次列譬喻论和例证论，使读者预想着在别时别地所有的事实，或者在此也要起来。到了最后的符号论，使读者觉得所预期要起来的事实，果真起来，就能深切地信从了。再用前面所举的甲杀乙的事例来说：

　　（1）甲与乙因金钱关系有宿怨。（使读者预想甲或因此杀乙。）
　　（2）甲虽是个平和的人，但是愤怒与改变素

❶ 预：原书为"豫"。后同。

性；好像水虽平静，遇风也要起浪。（使读者信平和的甲，也可杀乙。）

（3）从前某人某人都是平和的人，都因愤怒及金钱关系，有过杀人的行为。（使读者因从前的实例，坚信甲有杀乙的可能。）

（4）甲家有带血的衣服，且乙被害时，甲确不在家。（因证据使读者坚信甲是杀乙的。）

第八节　作驳论的注意

议论文以推理为根据，除了自然界的现象以外，人类社会的事情非常复杂；而人的推理又非绝对可恃。所以无论何种名文，总不免有驳击的余地。并且议论原是假定有敌论者存在；否则，已用不到议论。从这一点说，议论文可以说是广义的驳论了。今姑且就一般的所谓驳论，略述一二。

（一）寻求敌论的立脚点　要反驳敌论，自然以从要害驳击为最有效，所以寻求敌论的立脚点是第一步工夫。对于敌论应当找出它的主旨，就是根本的命题。其次，要寻出它证明的根据和法式——演绎或归纳或类比。

（二）反驳的方法　对于敌论所用的证论的法式，

★ 要反驳敌论，自然以从要害驳击为最有效，所以寻求敌论的立脚点是第一步工夫。

既已明了，只须检查它违犯哪一种条件。但只是将证论推翻，不一定就能打倒敌论的根本命题，所以最重要的还是对于这命题的驳击。

命题由性质上分，有肯定和否定两种，如本章第二节所说；若由分量上分，又有全称和特称两种。例如：

（1）凡人是动物 ⎱
（2）凡人非木石 ⎰……全称命题

（3）有动物为人 ⎱
（4）有动物非马 ⎰……特称命题

上例在质上（1）（3）是肯定，（2）（4）是否定；所以从质和量上分，命题有四种：（1）全称肯定，（2）全称否定，（3）特称肯定，（4）特称否定。

将质或量不同，而所含的概念相同的命题对证，称为对当。对当有各种形式，须于论理学中求之。现在只讲其中的一种矛盾对当，即全称肯定和特称否定，以及全称否定和特称肯定。矛盾对当的性质，是此真则彼伪，此伪则彼真，因此对于敌论命题的攻击，这种方法最方便而有效。

议论的命题应当是全称，若为特称立论本已非常无力；所以驳击敌论的全称命题，只须从它的矛盾对当的特称命题下手；因为证明特称命题实较证明全称命题容易。例如：

（1）敌论——凡哺乳动物都住在陆上。

——全称肯定

驳论——有哺乳动物（鲸）不住在陆上。

——特称否定

（2）敌论——白话不能达古书之义。

——全称否定

驳论——有时白话（教师讲解时）能达古书之义。

——特称肯定

上例若驳论成立，敌论当然被推翻，而驳论都是特称，只要有一二例证就可成立，所以最方便而有效。

〔注意〕证明全称肯定或否定以推翻特称否定或肯定也是矛盾对当，但于作驳论少有用处，所以不详细讲了。

（三）应注意的条件　作驳论应注意的重要条件有下列的三个：

第一，勿助长敌论的声势　敌论者如果是有声望的人，议论往往在一般人的心里有强固的印象。这时

★ 议论的命题应当是全称，若为特称立论本已非常无力；所以驳击敌论的全称命题，只须从它的矛盾对当的特称命题下手。

候，务必设法使敌论的印象减轻，以便自己的议论容易透入人心；切不可助长敌手❶的声势，例如对某博士的文字作驳论的时候，如果说：

❶ 敌手：原书为"敌子"。

> 某君是个博士，是个大学教授，学问很渊博，他的议论，当然不是我们做中学生的所够得上批评的。不过……

这就是不利于自己的议论。但是也不可因此而发些轻薄的议论去糟蹋对手方，这是作者的人格问题。

第二，勿曲解敌论　驳论是将自己对于敌论的反抗，公诉于一般的读者的文字。对于敌论必须不以恶意去曲解它。否则无论怎样，不能中它的要害，并且不能得读者的同情。

第三，驳论的位置　最有力的驳论，最好放在中部；后半篇可用强有力的方法，发挥自己的主张，使读者忘了所读的是驳论，而信从自己的主张。

以上所说的各项，并不是想取不正当的胜利，只是用来防不应当有的失败；千万不要误用。文章真要动人，非有好人格、好学问做根据不可。仅从方法上着想总是末技。因为所可讲得出的不过是文章的规矩，而不是文章的技巧。

〔练习〕

（1）试将读过的议论文的一篇分解它的论证法。

（2）试就所读过议论文的一篇作驳议。

十一　小品文

第一节　小品文的意义

从外形的长短上说，二三百字乃至千字以内的短文称为小品文❶。前几章所讲的记事、叙事、说明和议论等，是从文的内容性质上分的，长文和小品文只是由外形而定。因此小品文的内容性质，全然自由，可以叙事，可以议论，可以抒情，可以写景。毫不受何等的限制。

小品文，我国古来早已有了。如东坡小品，就很有名；普遍的所谓"随笔"，也可看做小品文的一种。近来在各国，小品文更盛行；并且体裁和我国的向来

❶ 小品文：一种散文的流派，其内容经常是在生活中，作者经过反省思想传达给读者讯息，内容题材不限。小品文是一种寓有抒情意味和讽刺性的短小散文。它在中国有着悠久的历史和多种样式，古代许多带有强烈感情色彩、语言优美生动的序、跋、传记、书信等等，都可以算作小品文。小品文的名称并不始于明清。小品一词，来自佛学，本指的是佛经的节本。小品是相对于大品而言的，是篇幅上的区分，而不是题材或体裁的区分。小品一词后来运用到文学领域，同样也没有严格的明确的定义，凡是短篇杂记一类的文章，均可称之为小品文。

的所谓小品文，大不相同。现在的所谓小品文，实即
Sketch 的译语。大概都是以片段的文字，表现感想或实
生活的一部分的。例如：

雪　夜

　　从早晨就暗淡的天，一到夜就下了雪了。　由
窗隙钻入的寒气，冷到彻骨，好像是什么妖魔用了
冰冷的手来捉摸人的头颈似的。才将夜饭碗盏收拾
好的母亲，在灯下又开始针线，父亲呢，一心地看
着新闻。饭毕就睡了的小妹，好像是日间跑得太厉
害❶了，时时在被窝里发出惊叫来。

　　雪依然没有止，后园里好几次地有竹折断的声
音。夜不觉深了，寒气渐渐加重，连远处传来的犬
吠声，听去也觉得分外地带着寒森凄清了。

（写景）

红蜻蜓

　　就枯草原上卧了，把书翻开，忽然飞来了一个
红蜻蜓，停在书页上面。头影一动，就好像怒了他
的样子，即刻飞去了。飞也不远，仍旧回到原处。
我寂然不动地看他：尾巴缓缓地孑孑❷地动着，薄
薄的两只翼翅，尽量伸张，好像单叶式飞行机的样
子。不时又闪转着那大而发光的眼睛。

　　在晚秋的当午的强烈的日光中，红色的蜻蜓，
看去却反觉有点寂寞。

（状物）

❶ 厉害：原书为"利害"。
后同。

❷ 孑孑（jié）：（1）特出，
独立貌；（2）特立，出
众，多指才能、人品
等；（3）孤单，孤寂。

田畔

倦了在田畔坐息，前面走过了穿着中学校制服的学生们，仔细一看，是K君与N君。他们不知道我在这里，一壁走着，一壁高声地谈着。

唉！唉！在小学样的时候，我比K君N君成绩好很多，先生也说我是有望的少年，只为了贫穷的缘故，就这样朝晚与田夫为伍。我难道竟以田夫过这一生吗？

那未免太悲哀了！但是有什么法子可想呢？我心如沸了！虽自己不愿哭，眼泪已流下颊上了！

（抒情）

鸡

鸡告诉我们天地的觉醒，但所告诉的并不一定是光明。鸡的第一次开声，是夜的最黑暗的时候。

鸡在深暗中叫的，鸡是在深暗中叫的！

（议论感想）

读者读了上面的例，当可明白小品文是怎样的东西了。小品文虽然也有独立制作的，其实多散见于长文中。有名的文学作品中含有小品文极多，几百页的长篇小说，也可看成小品文的连续。在近代作品中，果能节取，随处可得到很好的小品文范例。

例如：

风雨的强度渐渐地退减，不久，就只剩了雾样的非常美丽的细雨。云的弧线一点点地透升上

★ 小品文虽然也有独立制作的，其实多散见于长文中。

151

去，长而且斜的日光，即落在地上了。从云的裂缝里，露出一条碧色的天空，这裂缝次第展开，像个揭去面纱的样子；既而澄净深碧的天空就罩住世界。新鲜的微风拂拂地吹着，好像地球的幸福的叹息，掠着湿雨的小鸟的快乐的歌声，可从田野森林间听得。

——莫泊桑的《一生》❶

从黎明起，平常所没有的凝然而沉的浓雾，把一切街道闭住了。这虽若干地轻微透明，不至于全不看见东西，可是在雾中行走的人们，都已浸染着了那不安的暗黄色；女人脸上鲜活的红色以及动人目的衣服花样，都好像隔了一层黑的薄纱，在雾中有时茫然地暗，有时豁然地鲜明。南首天空，在蚊帐样的黑云里，藏着日脚很低的十一月的太阳，比地上远来得明亮；北首则到处沉暗，好像低挂着大大的幕，下面昏黄而黑，物象分辨不清，几同夜间一般。于这沉滞的背景中，模糊地，浮出着薄暗的淡灰色的屋宇，在秋天已早荒废了的某花园的门口竖着的两圆柱，看去宛像死人前面列着的一对的黄蜡烛……

——安得列夫❷的《雾》

祖母死后数年，父母也都跟着作了这墓中的人，到现在已星霜几易了。墓碑满了藓苔，几乎看不出文字，虽默然地立着不告诉我什么，但到此相对，不觉就如目见墓中人一样。他们生前的情形，都一一不可遏地奔到我心上来：祖母驼圆了背在檐

❶《一生》：法国19世纪著名作家莫泊桑的长篇处女作。小说以朴实细腻的笔调，描写一位出身破落贵族的纯洁天真、对生活充满美好憧憬的少女雅娜进入人生旅程后，遭遇丈夫背叛、父母去世、独子离家出走等一系列变故，在失望中逐渐衰老的过程，概括出了人们生活的一种基本状态：人生既不像我们想像得那么好，也不像我们想像得那么坏。"莫泊桑"：原书为"莫泊三"。

❷ 安得列夫：今译安德列耶夫（1871-1919），俄国小说家，剧作家。他早期的作品继承了陀思妥耶夫斯基和契诃夫的传统，描写现实生活中的小人物的心理。而在后期的《红笑》《七个被绞死的人》中，则放弃传统叙事手法，具有浓重的象征主义和表现主义色彩。

下曝日的光景，父亲的将眼鼻并在一处打大喷嚏的神情，母亲着了围裙浆洗衣服的样子，都显然地在我眼前浮出。

飒然地风来了，树叶瑟瑟地作声。明知道只是树叶的声音，然在我无余念的人的耳中，好像是有一种曾听见过的干皱的沙音，快活的高声，和低而纤弱的喉音，纷然合在一起，在那里忙说着什么似的。忽然间声音一停，以后就寂然了。

我的心也寂然了。从这寂然的心坎中忽然涌起了怀慕的心情，不觉眼中就含了泪了。唉！如果可以，我愿就这样到墓中去，不再返尘世了！

——二叶亭四迷❶ 的《平凡》

以上不过就近代外国文学作品中略举数例，这样好的小品文，在我国好的文学作品中，当然也很不少。如《儒林外史》❷ 中的王冕放牛，和《水浒传》中的景阳冈一段，都可作小品文读的。读者只要能留心，就可随处得着小品文的范例了。

第二节　小品文在文章练习上的价值

小品文自身原有独立的价值，且不详论。练习小品文，对于作长文也很有帮助；就是可以增长关于作文所需的各种能力；所以对于文章练习上，利益很

❶ 二叶亭四迷（1864-1909）：日本近代作家，本名长谷川辰之助，笔名二叶亭四迷。著有长篇小说《面影》《平凡》等。

❷《儒林外史》：长篇小说，清代吴敬梓作。五十六回。成书于1749年（乾隆十四年）或稍前，先以抄本传世，初刻于1803年（嘉庆八年）。以写实主义描绘各类人士对于"功名富贵"的不同表现，一方面真实地揭示人性被腐蚀的过程和原因，从而对当时吏治的腐败、科举的弊端、礼教的虚伪等进行了深刻的批判和嘲讽；一方面热情地歌颂了少数人物以坚持自我的方式所作的对于人性的守护，从而寄寓了作者的理想。

多。兹述一二于下：

（一）可为作长文的准备　画家学画，须先从小部分起；非能完全描一木一石的，决不能画全幅的风景；非能完全写一手一足，决不能画整个的人物。文章也是这样，不能作全部分的文字的，即使作了长篇的文字，也决不会有可观的价值。所以与其乱作无谓的长文，不如多作正确的小品文。换句话说，就是学文须从小品文入手。

（二）能多作　文有三多：多读，多作，多商量；这是学文者无可反对的条件。但长篇文字要多作，实不容易，小品文内容既自由，材料又随处可得，并且因字数很少，推敲、布局都比较容易，很便于多作，能多作，作文的能力就自然进步了。

（三）能养成观察力　小品文形既短小，当然不能容纳大的材料。因此，要作小品文，无论写情写景，非注意到眼前事物的小部分，将它的特色生命来捉捕不可。这么一来，结果就可使观察力细密而且锐敏。细密而且锐敏的观察力，实在是文人最重要条件之一。

（四）能使文字简洁　要作小品文，因它的字数有限，断用不着悠缓的笔法，非有扼要的手腕不可。所以学习小品文，可以使文字简洁。初学作文，最普通

★ 细密而且锐敏的观察力，实在是文人最重要条件之一。

154

的毛病是冗漫、宽泛，因为初学者对于材料还没有选择取舍的能力不容易得着要领的缘故。若作小品文，这毛病立即现出，渐渐自然会简洁起来，而对于材料也能精于选择取舍。这种工作，原是作文的第一步，也就是作文方法的一切。如果真能通达，已可算得有作文的能力的了。

（五）能养成作文的兴味　初学作文的人，往往因为作得不好，打断兴味，而自觉失望，这是常见的事。长篇文字所需的材料既多，安排也不容易，初学的人，当然没有作得好的可能，屡作都不好，兴味就因而萎缩了。小品文以日常生活为材料，并且是片断地收取，因而容易捕捉。材料既不复杂，安排也容易。即使作了不好，改作也不费事。为了这样，学作小品文，既容易像文字，而很好的成绩偶然也可得着；作者的兴味当然可以逐渐浓厚。

学作小品文的好处如要细述，还不止此，但这已很足证明有学它的必要了。读者要学作文章吗？先努力作小品文吧！

★　小品文以日常生活为材料，并且是片断地收取，因而容易捕捉。

155

第三节 小品文练习的机会

小品文本随时可作，随地可作，不必再待特别机会。这里姑举一二便于作小品文的机会于下：

（一）日记 日记因人的境遇、职业不同，种类当然很多，但大体可别为二种，一是只记述行事的，一是记述内面生活的。在普通人的日记中，两种时时相合。前者重事实方面，后者重心情方面。例如：

> 晨某时起，到后园散步，早膳后赴学校。授课三小时。傍晚反寓。S君来谈某事，夜接N自沪来信。灯下作覆书。阅新到杂志。十时就寝。
>
> 数日来的苦闷，依然无法自解。来客不少，可是都没有兴高采烈地接待他们。客散以后，一味只是懊恼，恨不得将案上的东西，掷个粉碎。天一夜，就蒙被睡了。

★ 最好的日记是于记述事实之中，可以表现心情的作法。

上面二例，前者是以行事为本位的，后者是以心情为本位的。两者虽任人自由，没有限制，但为练习文章计，应当注意这两方面的调和；一味抒述内心生活，虽嫌虚空，然账簿式的事实的排列，也实在没有趣味。因此，最好的日记是于记述事实之中，可以表现心情的作法。请看下例：

> 昨晚执笔到一点钟；起来觉得有点倦懒。天仍

寒雨，窗外桃花却开了。H来谈，知N已病故，不胜无常之感。忽然间N的往事，就成了全家谈话的材料了。下午到校授课，夜仍译《爱的教育》，只成千百字。

上例虽不甚佳，然可视为两方调和的一例。我国古来，日记中很有可节取的文字；案头现有《复堂日记》❶，摘录一节如下：

> 积雨旬日，夜见新月徘徊庭阶，方喜晴而础润如汗，雨意未已。二更猛雨，少选势衰，枕上阅洪北江《伊犁日记》《天山客话》终卷。睡方酣，闻空楼雨声密洒，霆雷如百万军声，急起，已床床屋漏矣。两炊许时，雷雨始息，重展衾枕，已黎明，是洪先生出关，车三四十里时也。

这是清人谭复堂日记的一节，可以作小品文读的。笔法虽与现代的不合，但对于实生活的忠实的玩味力和表现力，是可以为法的。

一个人每日的生活，必有几事可记的。一日的日记，如果分析起来，实有几个独立的小品文可成。但通常日记，却不必使每一事实都成小品文，只要使一日的日记全体为一小品文，或于其中含一小品文就够了。上例就是于一日的日记中含一小品文的。

日记的价值，可说的很多，练习文章，也是价值

❶《复堂日记》：为近代词人、学者的日记。谭献（1832-1901），初名廷献，字仲修，号复堂。浙江仁和（今杭州市）人。著有《复堂类集》，包括文、诗、词、日记等。

之一。因为日记是实生活的记录，日记的文字，可以打破一切文字上的陈套；要作好日记，非体会吟味实生活不可。所以从日记去学小品文是很适当的。

（二）书札❶　书札与普通文字，径路不同，尽有能作普通文字而不能作书札的。书札有实用与非实用的二种。实用的书札，普通都是随笔写成，不加功夫，至于非实用的，则非有练习功夫的人，是不能作的。日常的书札中，往往含有这实用的与非实用的两方面。例如：作书托友人介绍医生，而附述自己病床的景况，前者是实用的，后者是非实用的。又如：作书约友人来游，而叙述所在地的景物，前者是实用的，后者是非实用的。

讲到趣味，作书札比作日记更多。因为日记是独语，而书札却是对话了。知友把他的生活情况来报知我们的书札，我们都非常乐读；我们能于书札中表现我们的生活，使朋友晓得，他们将怎样地欢喜呢！

我国古来书札中，佳例很多。兹随录一二为例：

> 某启，两日疾有增无减，虽迁闸外，风气稍清，但虚乏尔。儿子何处得《宝月观赋》，琅然诵之。老夫卧听未半，跃然而起；恨二十年相从，知元章不尽。若此赋当过古人，不论今世也。天下岂常如我辈愦愦耶？公不久当自有大名，不劳我辈说

❶书札：又称手札、信札、尺牍，就是现在的书信。在古代，写字用的小木片叫"札"。在纸张尚未发明和应用之前，当时一般把文字都记录在竹木片上。

也。愿欲与公谈，则实未能，相当后数日耶？

　　　　　　　　——东坡《与米元章》

　　某到黄陂，闻公初五日便发，由信阳路赴阙，然数日如有所失也。欲便归黄州，又雨雪间作。向僧房中明窗下拥数块热炭，读《前汉书·戾太子传赞》，深爱之。反复数遍，知班孟坚非庸人也。方感叹而公书适至，意思豁然。稍晴暖，当扬帆江上，放舟还黄也。

　　　　　　　　——东坡《与李公择》

　　（按，此段文字应出自苏东坡《与滕达道》）

　　庭前小梅数株，绿衣素妆，娟好如汉宫人。幽斋无事，静对忘言。或时移书吟咏其下，攀条摇曳，暗香入怀。每当惠风东来，飘拂襟袖，挹其清芬，宛然如见故人。今虽飞琼碎玉，点点青苔；然片光孤影，独仿佛缭绕左右。倘能乘兴而来，巡檐一索，便可共吟楚些，共招落梅魂也。

　　　　　　　　——汤傅楹《与尤展成》

　　上所举的例，虽与现代文体不同，然都能表示实生活，不只简单的排列要事；很能使受书的爱读，而且读了增加不少的兴趣。由些可知：要作好书札，非加入实生活的背景不可；若不将实生活作背景，文字就不能动人。试比较下二例：

　　（甲）昨日在某处遇见 H 君，知 S 君即将于下

★ 要作好书札，非加入实生活的背景不可；若不将实生活作背景，文字就不能动人。

星期内赴英伦。我和 H 定于明晚在某处设宴饯行，特写信约你，请届期与会。

（乙）昨日在某处遇见 H 君，知 S 君即将于下星期内赴英伦。S 君的要赴英留学，原是早有所闻的，却不料别离有这样快！寥寥的朋辈中暂时将又少一人了。已和 H 约定，明晚在某处设宴饯行，特写信给你，请届期与会；与离别以前，大家再一亲 S 君的快活的面影，话一番小学时代的旧事吧。

这是编者漫然作成的例。（甲）和（乙）相较，（甲）是只列事实，（乙）是兼述生活（心情），（乙）较（甲）有情趣，读了自可了解了吧。

书札中能兼述生活情趣，就能不呆滞而饶兴味。这不但在本文中如此，随处都是这样，举一例说，即如署名下的月日就可有各种记法。"某月某日"，"某月某日灯下"，"某月某日游山归来"，"某月某夜蟋蟀声中"，这些记法，后面的比前面的，趣味就有多少的分别。

这里所应注意的，就是要真实无饰。若专袭套语，徒事修饰，是毫无用处的。只要能表现实生活，就可以使读者引起情趣；若徒把古人或今人的美辞丽句来套袭，就要成呆板讨厌的文字了。旧式书简中，很多这种毛病，不可不知。

★ 只要能表现实生活，就可以使读者引起情趣；若徒把古人或今人的美辞丽句来套袭，就要成呆板讨厌的文字了。

160

第四节　小品文作法上的注意
——着眼细处

小品文是记述实生活的一部分的东西，以描写部分为目的。要写全体的事象，当然不是小品文所能胜任的。所以作小品文，必须注目于事物的细处，就极微细极琐碎的部分发现材料。习作小品文所以能使人的观察精细锐敏，原因就在这一点。试看下例：

（甲）鳞云一团，由西上升；飞过月下，即映成五色，到紫色缘边，彩乃消灭。团团的月悬在天心，皎皎的银光，笼罩着平和的孤村。四边已静寂了，地底下潜藏的夜气，像个呼吸似的从脚下冲发上来。

　　　　　　　　　　　　——《月夜》

（乙）一到半夜，照例就醒，醒了不觉就悄然。窗外有虫叫着，低低地颤动地叫着，仔细一听，就是每夜叫的那个虫。

我不知于什么时候哭了，低低地颤动地哭了。忽而知道，这哭的不是我，仍是那个虫。

　　　　　　　　　　　　——《虫声》

上二例都是描写秋夜的；一以月为题，一以虫声为题；一以景色为主，一以作者的心情为主。趣向不同，好坏虽难比较，然秋夜的情调，二者中，何者比

★ 作小品文，必须注目于事物的细处，就极微细极琐碎的部分发现材料。

较地能表示出来呢？不用说，后者胜于前者了。这个原因，由于（甲）欲以短小的文字写繁复而大的景物，（乙）却只写虫声（一个虫声）的缘故。

欲在一小文中，遍写一切，结果必致失败。初学者作"春日游某山记"，往往将上午某时出门，途遇某友，由何处上山，在何处休息，何处午餐，游某寺某洞，某时下山，怎样回家等，一一列举于短小的文字中，结果便成了一篇板笨的行事账簿，当然没有什么趣味可得的。

不但描写景物是这样，即在抒情文、感想文、议论文中，也是如此。小品文的材料，与其取有系统的整个的，不如取偶发的、断片的。例如：

> 去年今日此门中，人面桃花相映红。
> 人面不知何去处，桃花依旧笑春风。

这是崔护的诗❶，所以读了能使人感动，全在他能触物兴感，把偶发的、断片的材料来活写的缘故。如果平铺叙述，把一切事件都说到，就成了"崔护某处人，一日在某处遇一女郎……"样的一篇东西，使人读了，最多也不过得着"哦，有这么一回事"的感觉罢了。

就事件的全体来做小品文的材料，结果只能得到

❶ 即《题都城南庄》，是唐代诗人崔护的作品。这首诗设置了两个场景，"寻春遇艳"与"重寻不遇"，虽然场景相同，却是物是人非。开头两句追忆去年今日的情景，先点出时间和地点，接着描写佳人，以"桃花"的红艳烘托"人面"之美；结尾两句写今年今日此时，与去年今天有同有异，有续有断，桃花依旧，人面不见。两个场景的映照，曲折地表达出诗人的无限怅惘之情。此诗脍炙人口，尤其以"人面不知何处去，桃花依旧笑春风"二句流传甚广。

点轮廓，不能得其内容。用譬喻来说，轮廓的文字好像地图，是不能作为艺术品的。我们要作绘画样的文字，不需要地图式的文字。因为从绘画上才有情趣可得，地图上是不能得到的。

从许多断片的部分的材料中，选出最可寄托情感的一点，拿来描写，这是作小品文的秘诀。好像打仗，要用少数的兵去抵御大敌的时候，应该集中兵力，直冲要害，若用包围式的攻战法，就要失败的。

第五节　小品文作法上的注意——印象的

精细的部分的描写，胜于粗略的全体的叙述和说明；这是从前节已可知道的。那么，什么叫做描写呢？

描写是照了事象把它来从笔端现出的意思，和绘画所用的意义相同。说明固不是描写，叙述也不是描写。旧式文章中，说明和叙述的分子很多，近来的文章，除了批评文感想文等以外，差不多都以描写的态度出之了。

我国古来纯文学作品中很有描写佳例，随录一二，读者当能了解描写的态度。

★ 描写是照了事象把它来从笔端现出的意思，和绘画所用的意义相同。

❶ 杨仪（1488-约1560）：明著名藏书家、刻书家，著有《螭头密语》《古虞文录》《南宫集》等。

❷ 赵宽（1457-1505）：明代官员、文人，为文雄浑秀整，行草亦清润。著有《半江集》。

❸ 李陵（？-前74）：西汉将领，李广之孙。曾率军与匈奴作战，战败投降匈奴，汉朝夷其三族，致使其彻底与汉朝断绝关系。其一生充满国仇家恨的矛盾，因而对他的评价一直存在争议。

❹ 蒋冕（1462-1532）：明朝弘治、正德两朝及嘉靖前期重要政治人物，官至首辅内阁大学士。著作有《湘皋集》《琼台诗话》等。

山色倒侵溪影，一路随孤艇。

　　——杨仪❶《桃源忆故人》

寒风吹水，微波皱作鱼鳞起。

　　——赵宽❷《减字木兰令》

仰视浮云驰，奄忽互相逾。

　　——李陵❸《与苏武》

斜日坠，荒山云黑天垂暮，时见空中一雁来，冷入残芦去。

　　——蒋冕❹《卜算子》

　　于上列各例，读者对于他们观察事物的精敏，大约佩服了吧！简单点说：描写就是观察的表出；不会观察事物的人，是断不能描写的。前节所说的宁作小部分的强写，不可作全体的叙述和说明；换句话说，就是要描写的，不可是叙述的说明的。因为短小的文字中，若要装载整个的有系统的材料，必致流于说明叙述，结果便只存了轮廓而使内容完全空虚了。

　　但从另一方面看，所谓描写的，就是"印象的"的意思。我们与事物相对时，心情中必有一种反应或感觉，这普通称为印象。描写是照了所观察的事象如实写出，就是要把印象写出。所以如果是描写的文字，必会成印象的文字。上面所举的描写诸例，都是印象的，都能将自己对于事物所得的印象，传给读者。

　　将自己所得的印象，不加解释说明，直现出来，使读者也得着同样的印象，这叫做印象的。试看下例：

　　（甲）才开窗，湿而且重的温风即吹来，花坛的花枝都带着水珠；蔷薇已落了许多，有几瓣还乱落在花坛外，沾着些泥土了。油也似的雨，还丝丝地亮晶晶地从檐口挂下，罗岩山山腰以上，无声地放着破絮似的云，铅样的湿烟，低低地笼罩湖水，一切都沉滞得如在水银中一样。

　　　　　　　　　　——《时雨的早晨》

　　（乙）起来正六时，天还未晴，开窗一看，湿而且重的温风，就迎面吹来。花坛的花枝上都带着水珠，知道昨夜大雨。蔷薇已落了许多，这蔷薇是今年正月里亲自种的，前天才开，不料就落了。有几瓣还乱落在花坛外，沾着些泥土，这大约是昨夜风大的缘故吧。

　　油也似的雨，丝丝地亮晶晶地，从檐口挂下，不从檐口去看，却看不出。罗岩山山腰以上，放着破絮似的云，天恐一时不会晴呢。铅样的湿烟，低低地笼罩湖水，一切沉滞得如在水银中一样。唉！真令人闷极了。

　　上面二例，（甲）只述目见的光景，（乙）则于述光景以外，又加入作者自己的解释或说明。读者读了，不消说，是取前者不取后者的吧。因为前者比较地能

★ 将自己所得的印象，不加解释说明，直现出来，使读者也得着同样的印象，这叫做印象的。

把印象传给读者，且所传给于读者的只有印象，所以读了容易感染。至于后者则像以谆谆的态度教示读者一样，读者读了，很感着不自由；且因所传给于读者的不止印象，夹杂着许多不相干的东西，所以印象也就不能分明地传给读者了。

我国旧式文字中，往往以作者自己的态度，强迫读者起同感。如叙述一悲事，结尾必用："呜呼，岂不悲哉！"叙述一乐事，必要带"可谓乐事也已"之类。其实这是强迫读者的无理的态度；悲不悲，乐不乐，读者自会感受，何必谆谆然教诲人家呢？

描写！描写！部分的精细的分写，胜于全体的叙述和说明！再进一步说，要印象的描写！

第六节　小品文作法上的注意——暗示的

前节的所谓部分的描写，并非一定主张绝对地描写一部分，目的是要从部分使人仿佛全体。既然能印象地描写，把部分的印象传给别人，全体的影子，必然在其中含着，所以必能将全体的光景，暗示读者。说明的文字易陷于轮廓的，范围常有一定，文字就往往无余情可得；描写的文字，部分虽小，范围却无限

★ 所谓部分的描写，并非一定主张绝对地描写一部分，目的是要从部分使人仿佛全体。

制，可以暗示种种复杂的情景于读者。所以数千字的说明、叙述的文字，有时效力反不及百字内外的描写的文字。小品文的价值，大半在此。如果部分的描写，只能收得部分的效果，那就不是好文字。在这个意义上，小品文远比别的长文来得难作。据说，法国雕刻家罗丹❶雕刻一胸像的时候，先做一全像，完成了再截去手足，而只留下胸部以上的部分。作小品文也非用这样的态度不可。

不要说明的和叙述的，要描写的，要印象的，暗示的；其实这许多话的根本完全相同。说明和叙述必无余情，能描写，自然会成印象的，同时也自然是暗示的了。试看下例：

> 邻家的柿树，今年又结了许多的实了。这家有一个很可爱的小孩。去年这时候，他爬上树去摘那柿子，不小心翻下来了。他哭得不得了，他的父母赶快将他送到医院里去，结果左手带了残疾了。他垂下了左手走过这树旁的时候，总恨恨地对着树看的。真可怜呢！
>
> ——《柿树》

这例彻头彻尾是叙述的说明的。并无趣味，也没有余情，使人读了，不过得着一个大概的轮廓，除了说一句"原来如此"以外，并不会起何等的心情。试

❶ 罗丹（1840–1917）：法国雕塑艺术家，他在很大程度上以纹理和造型表现他的作品，被认为是19世纪和20世纪初最伟大的现实主义雕塑艺术家。原书为"洛丹"。后同。

再看下例：

> 近地的孩子们笑着喊着，忘了一切捉着迷藏，从折手以后，就失了大将地位的芳哥儿，悄然地在他自己门口徘徊，恨恨地对着那柿树的弯曲的枝杈。他是因从这树上翻下，成了一生不可回复的残疾的。
>
> 圆圆的月亮，从柿树的弯曲的枝杈旁上来了，"月亮弯弯……"芳哥儿用眼角瞟视着在狂耍的俦伴，一面大声地唱了起来。眼泪忽然含不住了。

这例和前例，面目就大异，芳哥儿的悲哀，以及好胜的性格、将来的运命等等，都可在此表露，是有余情有个性的文字。前例是事情的全体，后例却只是一瞬间的光景；而效力上，后者反胜于前者；可知部分的印象的描写，可以暗示全体了。前例是地图式的文字，后例却是绘画式的文字。

★ 用了部分去暗示全体，才会有余情。

用了部分去暗示全体，才会有余情，在这里，可以觉悟小品文并不是容易作的；所得部分，要有全体作背景才可以。并且，部分与背景的中间，最好要有有机的不可分的关系存在。譬如水上浮着的菱，虽只现一小部分的花叶，但水中却有很繁复的部分潜藏着；而水中潜藏着的繁复的部分，和水上所现出的简单的部分，还有着不可分的有机的关系。

暗示是小品文的生命，但所谓暗示，却可分两部分来看；一是笔法的暗示，一是材料的暗示。前者比较容易，后者实在很难。如能用暗示的笔法去描写暗示的材料，那就是最理想的了。前面所举的崔护的诗，其好处全在他能用暗示的笔法去描写暗示的材料。

第七节　小品文作法上的注意——中心

前面曾说：小品文好像以寡兵抵大敌，非集中兵力，直冲要害不可。又说：如果取整个的、多数的材料，不如细密写少数的部分的材料。这里所谓中心，也就是这种态度的别一方面。

所谓中心，就是统一的意思。小品文字数不多，如果再散漫无统一，必致减少效用，没有可以逼人的能力。试看下例：

> 仍不到六时就起来了。因循惯了的我，这几天居然把贪睡的恶癖矫正，足见世间没有什么难事，最要紧的就是克己❶。克己！克己！校中先生所带讲的"克己"二字的价值，到今方才了解。
>
> 盥洗❷以后，散步校园，昨夜新晴的天，又下起雨来。满想趁今日星期，出外游耍，现在看去，只好闷居在校里了。"不如意事常八九"，世间大概如此吧。
>
> ——《朝晨》

★ 小品文字数不多，如果再散漫无统一，必致减少效用，没有可以逼人的能力。

❶ 克己：谓克制和约束自己；严格要求自己。

❷ 盥洗：通常指洗手或洗脸，以手承水冲洗而下流于盘。

169

上例前后二段间，并无何等的联络，所说的全是截然不同的事，就是无中心、无统一的文字。令人读了以后，不能得着整个的情味。这样的时候，倒不如把两种材料分作成两篇小品文。

没有中心，文字就要散漫无统一，散漫无统一的文字，断不能动人。但所谓中心，不是一定限于事项的统一，事项虽不前后联络，只要情调心情上能统一时，仍不失为有中心的文字。例如：专写西湖的早景，是统一的。但于一短文中如果兼写西湖的早景、夜景、雨景而确能表出西湖风景的情调（地方色）时，仍不失为有统一有中心的文字。试再看下例：

> 狗叫过好几次了，父亲还没有回来。在洋灯旁缝着衣服的母亲，渐渐把针的运动宽松；手中的布也次第流到桌上去了。
>
> 邻家很远，大哥昨日到上海做学徒去了。窗外的风声、犬声，壁上的时钟声，以及母亲的轻微的鼻息声，都觉得使我感着说不出的寂寥❶。
>
> 狗又叫近来了。母亲很无力地张开眼来，好像吃了一惊了似的，仍旧提起了皱罗罗布来一针一针地缝着。
>
> 夜不觉深了！
>
> ——《夜》

上例材料上并不统一，尽有前后无关系的事项。

❶ 寂寥：形容寂静空旷，没有声音的词语。

但情调却并不散漫，读了可以使人得着一个整个的寂寞无聊的感情。这就是以情调心情为中心的文字。

从此，可知文字不可无中心，这中心用事项来做，或是用情调来做，是不必限定的。只要不是杂凑的文字大概自然都有中心可说，因为我们要忠实地写一事实或一情调时，决不至于说东扯西，弄成无统一的文字的。

第八节　小品文作法上的注意——机智

小品文如奇兵，平板的笔法，断难制胜，非有机智不可。我们观察事物，有正面观察和侧面观察二种。正面观察每多平板，常不及侧面观察的来得容易动人。因为正面的部分，是大家都知道的，侧面的部分，往往为人所不顾及的。能将人所忽略的部分，从事观察，文字就容易奇警，而表现也容易成功。

相传：有一画师，出了一个"花衬马蹄香"的画题，叫许多学生各画一幅。大多数的学生，都从题目的正面着想，画了许多落花，上面再画一个骑马扬鞭的人。这是何等地杀风景呢！有一个聪明学生，却不画一片的花瓣，只画一匹马，另外加上许多只随马蹄

★ 小品文如奇兵，平板的笔法，断难制胜，非有机智不可。

171

飞的蝴蝶；画师非常赞许。这是侧面观察成功的一例。

侧面观察，就是于事物的普通光景以外，再去找出常人心中所无而实际却有的光景来；这虽有赖于观察力的周到，但基本却在机智的活动。凡是事物，无论如何细小，要想用文字把它表现净尽，究是不可能的事。用文字表现，要能使人读了如目见身历，收得印象，全在一二关于某事物的特色。只要是特色，虽很小很微，也足暗示某事物的全体。

★ 只要是特色，虽很小很微，也足暗示某事物的全体。

例如：霉雨时候，要描写这霉时的光景，如果用平板正面的观察的方法来写，不知要用多少字才能写出（其实，无论多少字，也写不完全的）。在这时候，假使有人把"蛛网"详细观察，发现"雾样的细雨，把蛛网糁成白色"的一种特别的光景，把这不大经人意的材料和别的事情景况写入文字中，仅这小小的材料，已足暗示霉天了。试再看下列各句：

（1）正午的太阳，照得山边的路闪闪地发白光。山脚大松树的树身上流着黄白色的脂浆。

——《暑昼》

（2）日光在窗纸上微微地摇动，落叶掉下来在窗影上画了很粗的黑线。

——《初冬晴日》

上二例都是侧面描写，并不琐碎地把暑日或初冬的光景来说，而暑日或初冬的光景却已活现了。

以上是从机智的一方面的说明。机智还可从别一方面说：就是文字有精彩的部分，和平常的部分可区别。文字坏的，或者是句句都坏；文字好的，却不是句句都好。一篇文中，有几句甚或只有一句好的，有几句平常的。在好的文字中，这好的几句的位置，常配得很适当。

在平常的文字中，加入几句，使成好文字。这种能力，是作文者大概必须的。特别地在作小品文时，这能力格外重要。在小品文中，要有用一句使全体振起的能力才好。试看下例：

> 弱小的菊科花开出来使人全不经意，却颤颤地冷冷地铺满了庭阶。无力的晚阳，照在那些花的上面，着实有些儿寒意。原来秋已来了。
>
> ——叶绍钧《母》

这文末句，是使全体统一收束的，在文中很有力量。如果没有末一句，文字就要没有统一，没有余情了。又如：

> 正坐在椅子上诵读英文，忽然一个蚊子来到脚膝下；被他一刺，我身一惊，觉得很难忍；急去

★ 在小品文中，要有用一句使全体振起的能力才好。

173

拍时，已经飞去了。没有多少时候，仍旧飞近我身边，作嗡嗡的叫声。我静静地等他来，果真他回到原处，他伸直了脚，用口管刺入我的皮肤，两翼向上而平，好像在那里用着他的全副精神似的。我拍死了他，那掌上粘湿了的血水，使我感得复仇的愉快和对于生命的怜悯。

——某君《蚊》

这篇所以还算好的，关系全在末一句。如没有末一句，全体就没了意义。以上二例都是以末一句使全文振起的；其实有力的句子，并不一定限于放在末了。

以上虽就描写文而说，其实，所谓侧面观察，所谓一句使全文振起，不单限于描写文，在议论感想等类的文字中，也很必要。在议论感想文中，所谓"警句"者，大都是侧面观察成功的，有振起全文的能力的。例如：

戏子们何等幸福啊！他们自己随意选择了扮作喜剧或扮作悲剧，要苦就苦，要乐就乐，要笑就笑，要哭就哭。但是在实生活上，却不能这样。大抵的男女，都被强迫了做着自己所不愿做的角色。这个世界是舞台，却没有好戏。

——王尔德❶

日日地过去，无论哪一日，差不多都是空虚，厌倦，无聊，在后也不留什么的痕迹！一日一日地

❶ 王尔德（1854—1900）：英国著名作家，19世纪最负盛名的剧作家，他的作品在剧院演出后得到广大回响，他并身兼诗人、小说家、散文家、童话作家等。代表作有《道林·格雷的画像》《狱中记》《莎乐美》等。

过去，这些时间，原实是无意味无智的东西，然而人总希望共同生存。他们赞美人生。他们将希望摆在人生上面，自己上面，及将来上面。啊！他们在将来上面期待着怎样的幸福啊！

那么，为什么，他们认作来日不像正在过着的今日一样呢？

不，他们并未想过这样的事，他们全不喜想，他们只是一日一日地过去。

"啊！明日，明日！"他们只是这样自慰，直到"明日"将他们投入坟墓中去为止。

可是，一等入了坟墓，他们也就早已不想了。

——屠格涅夫❶

上二例都是名文，寥寥数言中，实已喝破真理的一面。其末句都很有力，使人读了怒也不是，哭也不是，笑也不是，不知如何才好，又本章第一节所举的《鸡》，差不多全体是警句，可以参照。

第九节　实际作例和添削

（一）第一步　文有用了想像做的，如冒险小说之类，其中所描写的都非作者目见亲历之境，只是想像的产物。就是普通文字中，也不无想像的分子夹杂。但初学的人用，想像作文，实不如从观察作文稳当。观察第一要件在真实，观察力若尚未养成，所想像的

❶ 屠格涅夫（1818–1883）：俄国19世纪批判现实主义作家、诗人和剧作家，代表作有《猎人笔记》《父与子》等。原书为"屠介涅夫"。后同。

也难免不合实际。如画家然，必先从摹写实物人体入手，熟悉各种形态、骨骼、筋肉的变化，然后可从事创作。

但是眼前的材料很多，从哪里观察起呢？这本不成问题，所以发生这疑问，实由于着手就想创作名文。老实说，名文并不是一蹴可就❶的。在初时，最好就部分的、平凡事物中搜集材料，逐渐制作，渐渐地自会熟达，成近于名文的文字。文字的好坏，本不在材料的性质，而在表现的技能。善烹调的，无论用了怎样平常的原料，也能做出可口的肴馔来。世上森罗万象，一入能文者的笔端就都成了好文章了。

（二）由材料到成文字　无论什么材料都可用，只要仔细观察了，把它写出来，就成文字；这样说法，作文不是很容易的吗？其实，这是大大的难事。写出原是容易，但要将自己所观察得的，依样传给别人，使别人也起同样的心情，这却很难；并且不如此，文字就没了意义了。

现在试示一二作例吧：

假定我们观察春日的田野，在笔记本上，得到下列的材料：

（1）草青青地长着，草上有两个蝴蝶在那里翩翩飞舞，一个是黄蝴蝶，一个是白蝴蝶。

❶ 一蹴可就：踏一步就可以成功。比喻事情轻而易举，一下子就成功。出自宋代苏洵《上田枢密书》："天下之学者，孰不欲一蹴而造圣人之域。"蹴，踏；就，成功。原书为"一蹴可几"。

（2）小川潺潺流着，水面被日光反射成银白色。

（3）远远的树林，晕成紫色，其上飘着蓬蓬的白云。

（4）两个老鹰在空中回旋，不时落近到地面来。

（5）温风吹在身上，日光照在头上，藉草坐了，竟想睡去，我不禁立了唱起歌来了。

材料有了，更要把这材料连缀起来成功文字。那么怎样连缀呢？先就全体材料的性质考察：草——蝴蝶——小川——树林——云——老鹰——温风——日光。这里面，树林和云是远景，老鹰也比较地不近，草、蝴蝶、小川是最和作者相近的。照普通的顺序，先说近的，后说远的，原来的排列，似乎也没大错。但依原形连缀拢来，究竟不成文章。第一，接合不稳；第二，词句未净。

（1）句虽明了，但是不干净，多冗词。"草""草上""两个蝴蝶""黄蝴蝶""白蝴蝶"相同的名词叠出，文趣不好；应改削如下：

青青的草上，有黄白二蝶翩翩飞舞。

这样就够了。（2）没有什么可删，原形也可用。不过突然与（1）连结，文有点不合拍。如果加入一名"草的尽处"，连接起来就不突兀❶，并且景色也较能表出。

❶ 突兀：突然变化的；高耸，高低起伏的样子。

其次是（3）和（4）了。这二者要互易顺序，景物才能统一，为了与上文连接及表出春日的心情起见，上加一句"抬起倦眼仰望"，更得情味。其余一仍其旧，将全体连缀❶起来如下：

❶ 连缀：连结；相互结合，联结。

> 青青的草上，有黄白二蝶翩翩起舞。草的尽处，小川潺潺流着，水面被日光反射成银白色。
>
> 抬起倦眼仰望，两个老鹰在空中回旋，不时落近在地面来。远处的树林，晕成紫色，其上飘着蓬蓬的白云。
>
> 温风吹在身上，日光照在头上，藉草坐了。竟想睡去，我不禁立了唱起歌来了。

这样，文虽不工，但繁词已去，连接也无大病，春野的景色，春日的情感，已能表出若干了。

再示一例吧。例如有这样的一篇学生日记：

> 某月日，星期。
>
> 早晨，近处有一小孩被车子碾伤，门前大喧扰。我只在窗口望了一望，不忍近视。后来知道，这受伤的小孩是某家的独子，送入病院以后，即受手术，但愿能就医好。
>
> 正预习着明日的功课，李君来了。乃相与共同预习。所预习的是英语。二人彼此猜测先生的发问，不觉都皱了眉。
>
> 午餐与李君谈笑共食。
>
> 午后到李君家，适他家有亲戚来，李君很忙，

我就回来了。

　　傍晚无事。

　　灯下继续预习毕，翻阅小说，至敲十一点钟，始惊觉就寝。

先就第一节看，所记的是偶发事项，与自己无直接关系；似乎是可记可不记的材料。如果要记，应只用简洁的词句，不应这样冗长。可改削如下：

　　早晨，有一个小孩在门口被车子碾伤。附近大喧扰。听说就送入医院去了。

这样已够，再改作如下，则更好。

　　早晨，有一个小孩在门口被车子碾伤，为之怆然❶。

"为之怆然"这是感情的语句，加入了可以表出当时的心情。这种表示感情的语句，要简劲有余情，能含蓄丰富才好。

再检查第二节。这节中末句"皱了眉"，很好，但开端太冗滞，宜改削如下：

　　正预习明日的英语，李君来了。乃相与共同预习。彼此猜测先生的发问，不觉皱了眉。

原文，"预习"两见，"所预习的是英文"，是无谓的说明。改作如上就比较妥当了。

❶ 怆然：悲伤的样子。

第三节无病。第四节"他家有亲戚来"云云，也与自己无关系，可省略，改如下：

午后因送李君，顺便一到他家就归。

第五节的"傍晚无事"全是废话；无事，无事就是了，何必声明呢？当全删。

第六节无病；末句能表出情味，不失为佳句。

第十节 分段与选题

（一）文的分段 文字的分段，和句逗性质一样，同是表示区划的。最小的区划是逗，其次是句，再其次是段。有时还有空一行另写，表示比段更大的区划的。

分段不但使文字易读，且使文字有序不紊。分段有长有短，原视人而不同，但大体也有一定的标准。就是要每段自成一段落。用前节的例来说：

青青的草上，有黄白二蝶翩翩飞舞。草的尽处，小川潺潺❶流着，水面被日光反射成银白色。

抬起倦眼仰望，两个老鹰在空中回旋，不时落近在地面上来，远处的树林，其上飘着蓬蓬的白云。

温风吹在身上，日光照在头上，藉草坐了，竟

❶ 潺潺：形容溪水、泉水等流动的声音。表现出一种幽静的环境。

想睡去，我不禁立了唱起歌来了。

这文是分作三段写成的。第一段着眼近处，第二段着眼远处，两不相同，所以换行另写。第三段是心情的抒述，和前二段叙述事物的又不同，所以再别作一段。换一着眼点，就把文字分段，这是普通的标准。

所要注意的，就是标准只是相机而定的。例如上文第一段，所包含的事物有草、蝶、小川三项；如果在全文描写精细，不这样简单的时候；那么由草而蝶，由蝶而小川，都可说是着眼点的更换，就都应分段了（下面二段也是这样）。上文所以合为一段，一因文字简单，二因所写的都是近景的缘故。

分段还有把每段特别提出的意思，能使分出的文字增加强度。有时，往往因为要想使某文句增加强度，特意分行写列的。试看下列：

> K君从车窗探出头来说"再会"。我也说了一声"再会"，不觉声音发颤了。K君也把眼圈红了起来。汽笛威吓似的一作声，车就开动。我目送那车的移行，不久被树林遮阻，眼前只留着一片的野原。
>
> 啊！K君终于去了。
>
> 我不觉要哭起来了。

这文末二句原可并为一段的，却作二行写着。分

★ 分段还有把每段特别提出的意思，能使分出的文字增加强度。

段以后，语气加强，连全文都加了强度了。能适当分段，也是文章技巧之一，但须入情合理，不可无谓妄饰。

（二）题的选择　文字中，有先有题目，后有文字的；有先有文字，后有题目的。旧式文字，往往先有题目，随题敷衍。其实，文字的好的，都是作者先有某种要写的事物或思想情感，如实写出，然后再加题目的。特别地在小品文应该如此。

题目应随文的内容而定，自不容说。但陈腐的题目，不能令人注目；有时因题目陈腐，使本文也惹了陈腐的色彩。过于新奇呢，又易使读者读了本文失望。所以题目非推敲斟酌不可。

举例来说：前节所列春日写景的文字，如果要定起题目来，是很多的："春野""春景""游春"等等都可以。但我以为不如定为"藉草"来得切实而不落陈套。

★ 在小品文中，文字须苦心制作，题目也须苦心制作。

在小品文中，文字须苦心制作，题目也须苦心制作。题的好坏，有时竟有关于文的死活。尽有文字普通，因了题目的技巧，就生出生气来的。

　　今天母鸡又领了一群小鸡到篱外来了。其中最弱的一只，赶不上其余的，只是郎当地在后跟着。忽然发出异常的叫声，挣扎飞奔，原来后面来了一只小狗。母鸡回奔过来，绕在那小鸡后面，向小狗做着怒势，小鸡快活地奔近兄弟旁边去，小狗慑于母鸡的威势，也就逃走了。

——《亲恩》

这文材料很普通，文字也没有十分大了不得，但"亲恩"的题目，实有非常的技巧。因了题目好的缘故，平凡的本文，也成了奇警了。这是用题目来振起全文的一例。

★ 因了题目好的缘故，平凡的本文，也成了奇警了。

十二　作文的基本的态度

　　我曾看了不少关于文章作法的书籍，觉得普通的文章，其好坏大部分是态度问题；只要能了解文章的态度，文章就自然会好，至少可以不至十分不好的。古今能文的人，他们对于文章法诀，一个说这样，一个说那样，但是千言万语，都不外乎以读者为对象。务使读者不觉苦痛厌倦而得趣味快乐。所谓要有秩序，要明畅，要有力等等，无非都是想适应读者的心情。因为离了读者，就可不必有文章的。

　　要使文章能适合读者的心情，技巧的研究，原是必要，态度的注意，却比技巧更加要紧。技巧属于积极的修辞，大部分有赖于天分和学力；态度是修辞的消极的方面，全是情理范围中的事，人人可以学得的。要学文章，我以为初步先须认定作文的态度。作文的态度就是文章的 ABC。

初中的学生，有的文字已过得去，有的还是不大好。现在作文用语体，只要学过了语法的，语句上的毛病，当然不大会有；而平日文题又很有自由选择的余地，何以还有许多的毛病呢？我以为毛病都是由态度不对来的。态度不对，无论加了什么修饰或技巧，文字也不能像样，反觉讨厌。好像五官不正的人擦上了许多脂粉似的。

文章的态度，可以分六种来说。我们执笔为文的时候，可以发生六个问题：

（1）为什么要作这文？

（2）在这文中所要述的是什么？

（3）谁在作这文？

（4）在什么地方作这文？

（5）在什么时候作这文？

（6）怎样作这文？

用英语来说，就是 Why？ What？ Who？ Where？ When？ How？ 六字可以称为"六 W"。现在试逐条说述。

（1）为什么要作这文？　这就是所以要作这文的目的。例如：这文是作了给人看的呢，还是自己记着备忘的？是作了劝化人的呢，还是但想使人了解自己的意见，或是和人辩论的？是但求实用的呢，还是想使人见了快乐感得趣味的？是试验的答案呢，还是普通的论文？诸如此类，目的可各式各样，因了目的如何，作法当然不能一律。普通论文中很细密的文字，当作试验答案就冗琐讨厌了。见了使人感得趣味快乐的美文，用之于实用，就觉得不便了。周子的《爱莲说》❶，拿到植物学中去当关于说明"莲"的一节，学生就要莫名其妙了。所取的题目虽同，文字依目的而异，认定了目的，依了目的下笔，才能大体不误。

（2）在这文中所要述的是什么？　这是普通所谓题义，就是文章的中心思想。作文能把持中心思想，自然不会有题外之文。例如在主张男女同学的文字中，断用不着"乾道成男，坤道成女"，"男子三十而娶，女子二十而嫁"等类的废话。在记述风灾的文字，断不许有飓风生起的原因的科学的解释。我在某中学时，有一次入学试验，我出了一个作文题"元旦"，有一个受试者开端说"元旦就是正月一日，人民于此日大家休息游玩……"等类的话，中间略述社会欢乐情形，

❶《爱莲说》：北宋学者周敦颐所作的一篇议论散文。北宋仁宗嘉祐八年（1063），周敦颐与沈希颜、钱拓共游雩都（今江西于都）罗岩，有诗刻石。后来沈希颜在雩都建濂溪阁，请周敦颐题词，周敦颐作《爱莲说》相赠，表明了他对莲花的"出淤泥而不染，濯清涟而不妖，中通外直，不蔓不枝；香远益清，亭亭净植；可远观而不可亵玩焉……"的赞赏。

结末又说"……不知国已将亡……凡我血气青年快从今日元旦觉悟……"等，这是全然忘了题义的例。

（3）谁在作这文？　这是作者的地位问题，也就是作者与读者的关系问题。再换句话说，就是要问以何种资格向人说话。例如：现在大家同在一个学校里，假定这学校还没有高级中学，而大家都希望添办起来，将此希望的意思，大家作一篇文字，教师的文字与学生的文字，是应该不同的。校长如果也作一篇文字，与教师学生的亦不相同。一般社会上的人，如果也提出文字来，更加各各不同。要点原是一致，而说话的态度、方法等等，却都不能不异的。同样，子对于父，和父对于子不同，对一般人和对朋友不同，同是朋友之中，对新交又和对旧交不同。记得有一个笑话，有一学生写给他父亲的信中说："我钱已用完，你快给我寄十元来，勿误。"父亲见信大怒，这就是误认了地位的毛病了。

（4）什么地方作这文？　作这文的所在地也有认清的必要，或在乡村，或在都会，或在集会（如演说），或在外国，因了地方不同，态度也自须有异。例如在集会中，应采眼前人人皆知的材料，在乡村应采乡村现成的事项。在国外，用外国语，在国内应用

★ 再换句话说，就是要问以何种资格向人说话。

187

本国语（除必不得已须用外国原语者外）。"我们的father""你的 wife"之类，是怪难看难听的。

（5）在什么时候作这文？　这是自己的时代观念，须得认清的。作这文在前清，还是在民国成立以后？这虽大家都知道的事，但实际上还有人没了解。现在叹气早已用"唉"音了。有许多人还一定要用"呜呼""嗟乎"，明明是总统，偏叫做"元首"，明明是督军，却自称"疆吏"，往年黎元洪❶的电报，甚至于使人不懂，这不是时代错误是什么？

（6）怎样作这文？　上面的五种态度都认清了，然后再想作文的方法。用普通文体呢，还是用诗歌体？简单好呢，还是详细好？直说呢，还是婉说？开端怎样说？结末怎样说？先说大旨，后说理由呢？还是先说事实，后加断定？怎样才能使我的本旨显明？怎样才能免掉别人的反驳？关于此种等等，都须自己打算研究。

以上六种，我以为是作文时所必须认清的态度，虽然很平凡，但却必须知道，把它连接起来，就只是下面的一句话：

> 谁对了谁，为了什么，在什么地方，什么时候，用什么方法，说什么话。

❶ 黎元洪（1864—1928）：字宋卿，湖北黄陂（今武汉市黄陂区）人，人称"黎黄陂"，中国北洋政府总统。武昌起义时，任革命军湖北军政府都督。南京临时政府成立时，当选为副总统。袁世凯死后，继任总统。后段祺瑞利用张勋将其驱走，由冯国璋代理大总统。晚年投资实业。黎元洪是辛亥革命武昌首义的都督，也是中国历史上唯一一个两任大总统和三任副总统的人。

　　如果所作的文字，依照这里面的各项检查起来，都没有毛病可指，那就是好文字，至少不会成坏文字了。不但文字如此，语言也是这样。作文说话时只要能够留心这"六 W"，在语言文字上就可无大过了。

★ 作文说话时只要能够留心这"六 W"，在语言文字上就可无大过了。